星云法语 09

生活·读书·新知 三联书店

# 挺胸的意味

利他

星云大师 著

Copyright © 2015 by SDX Joint Publishing Company
All Rights Reserved.
本作品版权由生活·读书·新知三联书店所有。
未经许可,不得翻印。
本书由上海大觉文化传播有限公司独家授权出版中文简体字版。

**图书在版编目(CIP)数据**

挺胸的意味:利他/星云大师著.—北京:生活·读书·新知三联书店,2015.5
(星云法语)
ISBN 978-7-108-05240-7

Ⅰ.①挺… Ⅱ.①星… Ⅲ.①佛教-人生哲学-通俗读物 Ⅳ.①B948-49

中国版本图书馆 CIP 数据核字(2015)第 020185 号

| | |
|---|---|
| 责任编辑 | 罗　康 |
| 封面设计 | 储　平 |
| 责任印制 | 卢　岳　张雅丽 |
| 出版发行 | 生活·讀書·新知 三联书店 |
| | (北京市东城区美术馆东街 22 号) |
| 邮　　编 | 100010 |
| 印　　刷 | 北京市松源印刷有限公司 |
| 版　　次 | 2015 年 5 月北京第 1 版 |
| | 2015 年 5 月北京第 1 次印刷 |
| 开　　本 | 880 毫米×1230 毫米　1/32　印张　7.625 |
| 字　　数 | 160 千字 |
| 印　　数 | 00,001—12,000 册 |
| 定　　价 | 28.00 元 |

# 总序 十把钥匙

星云大师

《星云法语》是我在台湾电视公司、"中国电视公司"、"中华电视公司"三十年前的"三台时代",为这三家电视台所录像的节目。后来在《人间福报》我继《迷悟之间》专栏之后,把当初在三家讲述的内容,再加以增补整理,也整整以三年的时间,在《人间福报》平面媒体与读者见面。

因为我经年累月云水行脚,在各地的佛光会弘法、讲说,断断续续撰写《星云法语》,偶有重复,已不复完全记忆。好在我的书记室弟子们,如满义、满观、妙广、妙有、如超等俄而提醒我,《人间福报》的存稿快要告罄了,由于我每天都能撰写十几则,因此,只要给我三五天的时间,我就可以再供应他们二三个月了。

像这类的短文,是我应大家的需要在各大报纸、杂志上刊登,以及我为徒弟编印的一些讲义,累积的总数,已不下两千万字了。《星云法语》,应该说是与《迷悟之间》、《人间万事》同一性质的短文,都因《人间福报》而撰写。承蒙读者鼓励,不少人希望结集成书,香海文化将这些文章收录编辑,文字也有百余万字,共有十集,分别为:一、精进;二、正信;三、广学;四、智慧;五、自觉;六、正见;

七、真理;八、禅心;九、利他;十、慈悲。

这套书在《人间福报》发表的时候,每篇以四点、六点,甚至八点阐述各种意见,便于记忆,也便于讲说,有学校取之作为教材。尤其我的弟子、学生在各处弘法,用它作为讲义,都说是得心应手。

承蒙民视电视台也曾经邀我再比照法语的体裁,为他们多次录像,并且要给我酬劳。其实,只要有关弘法度众,我都乐于结缘,所以与台湾的四家无线电视台都有因缘关系。而究竟《星云法语》有多大的影响力,就非我所敢闻问了。

承蒙知名学者李家同教授、洪兰教授、台中胡志强市长,以及善女人赵辜怀箴居士,为此套书写序,一并在此致谢。

是为序。

于佛光山开山寮

# 推荐序一　宗教情怀满人间

李家同

星云大师的最新著作《星云法语》十册套书,香海文化把部分的文稿寄给我,邀我为序。8月溽暑期间,我自身事务有些忙碌;但读着文稿里星云大师的话,却能感觉到欢喜清凉。

《星云法语》里面有一篇我很喜欢,其中写道:"要有开阔包容的心胸、要有服务度生的悲愿、要有德学兼具的才华、要有涵养谦让的美德。"

多年来我从事教育工作,希望走出狭义的精英校园空间,真正帮忙各阶层弱势学生。看着莘莘学子,我想我和星云大师的想法很接近吧,就是教育一定要在每个角落中落实,要让最弱势的学生,能个个感受到不被忽略、不受到城乡资源差别待遇。

青年教育的目的,不就是教育工作者,希望能教养学生,成为气度恢弘的国民吗?

为勉励青年,星云大师写下"青年有强健的体魄,应该发心多做事,多学习,时时刻刻志在服务大众,念在普度众生,愿在普济社会"。

星云大师的话,让我想起《圣经》里的箴言:

"有了信心,又要加上德行;有了德行,又要加上知识;有了知识,又要加上节制;有了节制,又要加上忍耐;有了忍耐,又要加上虔敬;有了虔敬,又要加上爱弟兄的心;有了爱弟兄的心,又要加上爱众人的心。"(《圣经·彼得后书》)

宗教情怀,就是超越一切的普济精神。人间的苦难,如果宗教精神无以救济,那么信仰宗教毫无意义。不论是佛陀精神,或是基督精神,以慈爱的心处世,我想原则上没有什么不同。尤其是青年人,更应细细体会助人爱人的真谛,在未来起着社会中坚的作用。这样,我们现在办的教育,才真正能教养出"德学兼具"的青年,让良善能延续,社会上充满不汲汲于名利,助人爱人的和谐气氛。

香海文化出版的《星云法语》,收录了精彩法语共计1080篇,每一篇均意味深长,适合所有人用以省视自己,展望未来。"现代修行风"不分基督、佛陀,亲切的圣人教诲,相信普罗大众都很容易心领神会。

如今出版在即,特为之序。

(本文作者为台湾暨南大学教授)

# 推荐序二　安心与开心

洪　兰

在乱世,宗教是人心灵的慰藉,原有的社会制度瓦解了,一切都无法制、无规章,人民有冤无处伸,只有诉诸神明,归诸天意,以求得心理的平衡。所以在东晋南北朝时,宗教盛行,士大夫清谈,把希望寄托在另一个世界。历史证明那是不对的,这是一种逃避,它的结果是亡国。智者知道对现实的不满应该从改正不当措施做起,众志可以成城,人应该积极去面对生命而不是消极去寄望来生。星云大师就是一个积极入世的大师,他在海内外兴学,风尘仆仆到处弘法,用他的智慧来开导世人,他鼓励信徒从自身做起,莫以善小而不为,当每个人都变好时,这个社会自然就好了。这本书就是星云大师的话语集结成册,印出来嘉惠世人。

人在受挫折、有烦恼时,常自问:人生有什么意义,活着干什么? 大师说,人生的意义在创造互惠共生的机会,这个世界有因你存在而与过去不同吗? 科学家特别注重创造,就是因为创造是没有你就没有这个东西,没有莫扎特就没有莫扎特的音乐,没有毕加索就没有毕加索的画,创造比发现、发明的层次高了很多,人到这个世上就是要创造一个双赢的局面,不但为己,也要为人。英文谚语有一句：Success is when you add the value to yourself. Significance is when you add the value to others. 只有对别人也有利时，你的成功才是成功。所以大师说，生命在事业中，不在岁月上；在思想中，不在气息上；在感觉中，不在时间上；在内涵中，不在表相上。这是我所看到谈生命的意义最透彻的一句话。

挫折和灾难常被当作上天的惩罚，是命运的错误；其实挫折和灾难本来就是人生的一部分，不经过挫折我们不会珍惜平顺的日子，没有灾难不会珍惜生命。人是高级动物，是大自然中的一分子，不管怎么聪明、有智慧，还是必须遵行自然界的法则，所以有生必有死，完全没有例外。但是人常常参不透这个道理，历史上秦始皇、汉武帝这种雄才大略的人也看不到这点，所以为了求长生不老，倒行逆施，坏了国家的根基，反而是修身养性的读书人看穿了这点。宋代李清照说"今手泽如新，而墓木已拱……然有有必有无，有聚必有散，乃理之常。人亡弓，人得之，又胡足道"。看透这点，一个人的人生会不一样，既然带不走，就不必去收集，应该想办法去用有限的生命去作出无限的功业。

一个入世的宗教，它给予人希望，知道从自身做起，不去计较别人做了什么，只要去做，世界就会改变。最近有法师用整理回收物的方式带信徒修行，他不要信徒捐献金钱，但要他们捐献时间去回收站做义工，从行动中修行。我看了这个报道真是非常高兴，因为研究者发现动作会引发大脑中多巴胺（dopamine）这个神经传导物质的分泌，而多巴胺跟正向情绪有关，运动完的人心情都很好，一个跳舞的人即使在初跳时，脸是板着的，跳到最后脸一定是笑的。所以星云大师劝信徒，从动手实做中去修行是最有效的修行，对自己对社会都有益。

在本书中,大师说生活要求安心,心安才能体会人生的美妙,才听得到鸟语,闻得到花香,所以修行第一要做到心安,既然人是群居的动物,必须要和别人往来,因此大师教导我们做人的道理,列举了人生必备的10把钥匙,书的最后两册是要大家打开心胸,利他与慈悲,与一句英谚 You can give without loving, you can never love without giving 相呼应。不论古今中外,智者都看到施比受更有福。

希望这套书能在目前的社会中为大家浮躁的心灵注入一股清泉,人生只要心安,利人利己地过生活,在家出家都一样在积功德了。

(本文作者为台湾阳明大学神经科学研究所教授)

# 推荐序三　法钥匙神奇的佛

胡志强

星云大师,是我一直非常尊敬与佩服的长者。

长久以来,星云大师所领导主持的佛光山寺与国际佛光会,闻声救苦,无远弗届,为全球华人带来无尽的希望与爱。

大师的慈悲智慧与宗教情怀,让许多人在彷徨无依时,找到心灵的依归。另一方面,我觉得大师潇洒豁达、博学多闻,无论是或不是佛教徒,都能从他的思想与观念上,获得启迪。

星云大师近期出版的《星云法语》,收录了大师1080篇的法语,字字珠玑,篇篇隽永。

我很喜欢这套书以"现代佛法修行风"为诉求,结合佛法与现代人的生活,深入浅出地阐释。尤其富有创意的是,以十册"法语"打造了十把"佛法钥匙",打开读者心灵的大门,带领我们从不一样的角度,去发现与体会生活中的点点滴滴。

以《旅游的意义》这篇文章为例:

"……就像到美国玩过,美国即在我心里;到过欧洲度假,欧洲也在我心里,游历的地区愈丰富,就愈能开阔我们的心灵视野。

当我们从事旅游活动时,除了得到身心的纾解,心情的愉悦之外,还要进一步获得宝贵的知识。除了外在的景点外,还可以增加一些内涵,作一趟历史文化探索之旅,看出文化的价值,看出历史的意义。

比方这个建筑是三千年前,它历经什么样的朝代,对这些历史文化能进一步赏析后,那我们的生命就跟它连接了。"

"我们的生命就跟它连接了"这句话,让我印象十分深刻,生动描述了"读万卷书,行万里路",正是一种跨越时空的心灵宴飨。

在《快乐的生活》一文中,大师指点迷津。他说:"名和利,得者怕失落,失者勤追求,真是心上一块石头,患得患失,耿耿于怀,生活怎么能自在?"

因此"身心要能健康,名利要能放下,是非要能明白,人我要能融和"。

在《欢喜满人间》这篇文章中,大师指出:人有很多心理的毛病,例如忧愁、悲苦、伤心、失意等。佛经形容人身难得如"盲龟浮木",一个人在世间上一年一年地过去,如果活得不欢喜,没有意义,那又有什么意思?如何过得欢喜、过得有意义?

他提出几点建议:"要本着欢喜心做事,要本着欢喜心做人,要本着欢喜心处境,要本着欢喜心用心,要本着欢喜心利世,要本着欢喜心修行。"

看到此处,我除了一边检视自己在日常生活中做到了多少?另一方面,也希望把"欢喜心"的观念告诉市府同仁,期许大家在服务市民时认真尽责之外,还能让民众体会到我们由衷而发的"欢喜心"。

而《传家之宝》一篇中所提到的观点,也让为人父母者心有戚戚焉。

大师说:一般父母,总想留下房屋田产、金银财富、奇珍宝物给子女,当作是传家之宝;但是也有人不留财物,而留书籍给予子女,或是著作"家法""庭训",作为家风相传的依据。乃至禅门也有谓"衣钵相传",以传衣钵,作为丛林师徒道风相传的象征。

他认为"传家之宝"有几种:包括宝物、道德、善念与信仰。到了现代,书香、善念、道德、信仰更可以代替钱财的传承,把宗教信仰传承给子弟,把善念道德传给儿孙,把教育知识传给后代。

"人不能没有信仰,没有信仰,心中就没有力量。信仰宗教,如天主教、基督教、佛教等,固然可以选择,但信仰也不一定指宗教而已,像政治上,你欢喜哪一个党、哪一个派、哪一种主义,这也是一种信仰;甚至在学校念书,选择哪一门功课,只要对它欢喜,这就是一种信仰。有信仰,就有力量,有信仰,就会投入。能选择一个好的宗教、好的信仰,有益身心,开发正确的观念,就可以传家。"

细细咀嚼之后,意味深长,心领神会。

星云大师一千多篇好文章,深刻而耐人寻味,我在此只能举出其中几个例子。很感谢大师慷慨分享他的智慧结晶,让芸芸众生也有幸获得他的"传家之宝"。

在繁忙的生活中,每天只要阅读几篇,顿时情绪稳定、思考清明、心灵澄静。有这样的好书为伴,真的"日日是好日"!

(本文作者为台中市市长)

# 推荐序四　人生的智慧和导航

赵辜怀箴

我一直感恩自己能有这个福报,多年来能跟随在大师的身边,学习做人和学习佛法。每一次留在大师身边的日子里,都可以接触到许多感动的心,和感动的事;每一次都会让我感觉到,这个世界真的是非常的可爱。

大师说:他的一生就是为了佛教。这么多年来,大师就这样循循地督促着自己,为此,马不停蹄地一直在和时间做竞跑。大师的一生,一向禀持着一个慈悲布施、以无为有的胸怀,做大的人,做大的事。如果想要问大师会不会和我们一样斤斤计较?我想他唯一真正认真计较的事,就是,对每一天的每一分和每一秒吧!

在大师的一生里,大师从来不允许自己浪费任何一分一秒的时间;无论是在跑香、乘车、开会、会客或者进餐;大师永远都是人在动,心在想,手在做,眼观六路,耳听八方,把1分钟当10分钟用;在高效率中不失细腻,细腻中不失大局,大局中不失周全;周全里,充满了的是大师对每一个人无微不至的关怀和体贴。

大师自从出家以来,只要是为了弘法,大师从来不会顾及自己的健康和辛苦,数十年如一日,南奔北走,不辞辛劳地到处为信徒开示演讲;只要有多余的时间,大师就会争取用来执笔写稿;年轻时也曾经为了答应送一篇文稿给出版社,连夜乘坐火车,由南到北。大师从年轻时就非常重视文化事业,大师也坚信用文字来度众生的重要。大师一生一诺千金,独具宏观,不畏辛苦,忍辱负重,在佛教界树立了优良的榜样,对现代佛教文化事业得以如此的发达,具有相当肯定的影响力。到目前为止,大师出版的中英文书籍,已经不下数百本。

记得在20世纪60年代的时候,大师鉴于电视弘法不可忽视的力量,即刻决定要自己出资,到电视公司录制作晚上8点档的《星云法语》,使其成为台湾第一个在电视弘法的节目。我记得大师的《星云法语》是在每天晚间新闻之后立即播出,播出的时间是5分钟,节目的制作,既"精"又"简"。节目当中,配合着简单明了的字幕,听大师不急不缓地娓娓道来,让观众耳目一新,身心受益。

这个节目播出之后,立即受到广大观众的喜爱和回响。大师告诉我,在节目播出之后不久,由于收视率很好,电视公司自动愿意出资,替大师制作节目;大师从此不但有了收入,也因此多了一个电视名主持人的头衔。这个《星云法语》的电视节目,也就是今天所出版的《星云法语》的前身。

佛光山香海文化公司精心收录的《星云法语》即将出版。这一条佛法的清流,是多年来星云大师为了这个时代人心灵的需求,集思巧妙地运用生活的佛教方式,传授给我们无边的法宝。每一篇,每一个法语,星云大师都透过对细微生活之间的体认,融合了大师在佛法上精深的修行智慧。深入浅出地诠释,高明地把佛法当中的精要,很自然地交织在生活的细致之间,用生活的话,明白地说出现代佛法的修行风范,让读者有如沐浴在法语春风之中的感觉,很自然地呼吸着森林里散发出来的清香,在每一个心田里默默地深耕着。等待成长和收割的喜悦,沐浴着太阳和风,是指日可待的。

今承蒙香海文化公司的垂爱,赐我机会为《星云法语》套书做序,让我实在汗颜;几经推辞,又因香海文化公司的盛情难却,只有大胆承担,还请各位前辈、先学指正。我在此恭祝所有《星云法语》的读者,法喜充满。

(本文作者为国际佛光会世界总会理事)

# 目 录

## 卷一 政治人的胸襟

价值观 / 003
健全的思想 / 005
我们努力的方向 / 007
政治人的胸怀 / 009
立志为先 / 011
严谨之仪 / 013
涵养风姿 / 015
平实的利益 / 017
负重的条件 / 019
真正的内涵 / 021
慎独 / 023
操守 / 025
气节 / 027
思维 / 029

回馈 / 031
是非 / 033
养智 / 035
节制 / 037
有格 / 039
法律 / 041
美德 / 043
蓄养 / 045
缺陷 / 047
水的德行 / 049
有骨气 / 051
廉洁的形象 / 053
俭之真义 / 055
俭的功用 / 057

挺胸的意味 / 059

## 卷二　处众

决策指南 / 063
无为之德 / 065
天地之德 / 067
上下之选 / 069
居下之学 / 071
轻重的顺位 / 073
调适有度 / 075
如何高广明大 / 077
化繁为简 / 079
宁可与不可 / 081
大小难易 / 083
大的真义 / 085
"大"之极 / 087
极之后 / 089
镜子 / 091
外境的价值 / 093
鉴的功用 / 095
行为之鉴 / 097
恶性之状 / 099
远离 / 101
邪法 / 103

大与小 / 105
勿因小失大 / 107
"多"的弊端 / 109
"多"之见 / 111
多与少 / 113
苦乐之间 / 115
不堕落 / 117
反省之微 / 119
面临境界 / 121
"不"的原则 / 123
"多"的得失 / 125
"多"之病 / 127
多求不安 / 129
力行之方 / 131
团结的真义 / 133
如何团结 / 135
集体创造 / 137
融和的真义 / 139
自由的定义 / 141
自由的意义 / 143
民主的意义 / 145

民为贵 / 147
如何庆祝节庆 / 149
光复 / 151
正名 / 153

## 卷三 认知世间

大众传播的特色 / 157
大众传播六戒 / 159
媒体的功用 / 161
真相 / 163
感动 / 165
分寸之间 / 167
养神 / 169
认知世间 / 171
善恶之气 / 173
防心离过 / 175
何为有用 / 177
捐赠器官 / 179
废纸回收 / 181
如何消除暴力 / 183
希望工程 / 185
先种后得 / 187
大获得 / 189
寻求根本 / 191
"好"之四利 / 193
历久弥新 / 195
说理的分别 / 197
勿 / 199
劝告的艺术 / 201
明白的重要 / 203
为人师表 / 205
耕种田地 / 207
辅导要点 / 209
说狗 / 211
新年新展望 / 213
刹那与永恒 / 215
本土化 / 217
处众 / 219
如何融和 / 221

卷一 | **政治人的胸襟**

人生无论成就事业、
做人处世都要平实，
不做虚空之事，
才会成功平安。

# 价值观

人,必须时刻反躬自省,才能进德修业;耳中能常闻逆耳之言,心中常有拂心之事,也是进德的砥石。此外,建立正确的人生观与价值观,也是进德之道。人应该建立什么样的价值观呢?有四点看法:

**第一,无财非贫,无学为贫**

有的人觉得自己没有钱,自己很贫穷。其实,没有钱财不算贫穷,不学无术才是真正的贫穷。一个人没有知识、没有学问、没有技能,将来如何谋生?即使祖先遗留再多的家产,也总有坐吃山空的一天。再说,自己没有一点学养、内涵,这种精神上的贫乏,才是真正的贫穷。所以过去说"万贯家财,不及一技随身",自己有智慧、有学问,才是重要!

**第二,无位非贱,无耻为贱**

"位高权重",说话可以呼风唤雨,这是多少人所向往的,多少人因此每天汲汲于功名利禄的营求。其实,没有当官、没有地位,并非卑贱,无耻才是贱。有的人虽然身居高位,但因为是用不正当的手段"买官"而当选,如此纵使有了官位,也是给人瞧不起。所以人格的贵贱，不是看表面上的地位高低，而是看他能否知廉耻、有惭愧心，懂得崇廉尚义，才是人格最大的尊严。

**第三，无寿非夭，无志为夭**

老人不在年龄，而在心境；人的寿命长短也不在岁月，而在有志无志。有的人年纪轻轻就去世，人家就说这是夭亡，是短命鬼。其实，短命不怕，历史上一些有声望的人，他们在世上的寿命并不长，却留给后人无限的怀念。一个人的功业并非靠年岁所成就，有志不在年高；在世间的寿命多久并不重要，重要的在于精神上的寿命，所以人要立志。

**第四，无子非孤，无德为孤**

"养儿防老"是中国人过去根深蒂固的观念。其实，养儿不见得能防老，积德才能防老。我们看社会上，有的人儿女成群，但因子孙不孝，老来孤苦无依者有之；有的人虽然无儿无女，但是他到处行善，照顾孤苦，他把天下人当成是自己的儿女，他就拥有天下人为儿女。所以，没有儿女不要紧，就怕没有道德，所谓"人有德，必有芳邻"，有德的人，自然不会孤独。

人要建立正确的价值观，人生才会活得丰富，活得充实。

# 健全的思想

人,最奇妙的就是有思想。个人有个人的思想,有健全的,也有不健全的,人人不一样。要创造事业,要有健全的思想;要立身处世,甚至持家治国,都要有健全的思想才能成功。什么是健全的思想?提供以下四点意见:

**第一,没有地域观念的分别**

现在是"无国界"的时代,更需要有"天下一家"的恢宏思想。但是有些人经常强调你是南部人、我是北部人、我们是本省人、你们是外省人,这种地域观念,只会造成矛盾和族群排斥现象,对整体而言并非善事。若能泯除分别,不分彼此,不相阻碍,如重重无碍的灯光,同体共生,社会才会平安和谐。好比今日澳大利亚,尊重多元种族的发展,因此呈现多元文化的蓬勃朝气,令人称赞与欢喜。

**第二,没有重男轻女的歧视**

人在性别上都是平等的,应该受到同等的看待与尊重。像现在世界各地都有女性或做民意代表,或担任部门首长,这都是人权进步的好现象。今后要进步,应以人的才、德为标准,没有男女轻重的歧视,人类才会更上一层楼。

**第三,没有见解谬误的邪知**

现在有一些智慧型的罪犯,就是"聪明反被聪明误",或者错误的见解,引发无穷的祸患。比如喜杀、乐杀,见别人杀而赞叹杀;自己盗取他物,教唆别人偷盗,见人盗窃心生欢喜,这种行为甚至罪恶更深。

自己喝酒,强迫别人喝酒;自己妄语,以别人受骗为乐,凡此种种为见解上的错误,实在难以挽救。所以,健全的思想,要建立在没有见解上的谬误和邪知。在佛教认为破戒好比树木折干损枝,还可以忏悔改过;见解错误的破戒,如同腐烂的根茎,就无法忏悔回头了。因此切莫因为一时的邪知邪见,把微小的罪过,演变成万劫不复的重大罪孽,而留下无边遗憾。

**第四,没有对人记恨的心理**

打倒不喜欢的人,对自己就好吗?嫉妒比你强的人,自己就会成功吗?不会的。仇恨只会自我障碍,不会进步,最后发现什么也得不到。儒家说"君子无隔宿之仇",佛家也说"不念旧恶",转个念头放下,宽恕别人,就是宽恕自己,千万别把烦恼带到床上,否则自他无益,那就太划不来了。

怀让大师以"磨砖不能成镜、坐禅岂能成佛",点拨马祖道一禅师的执着;百丈禅师以"不昧因果",开解问道老者的疑惑,脱去五百世为狐狸之身,可见建立正知正见的重要。因此,要多读好书,多闻正法,亲近善知识,养成正见的人格。

# 我们努力的方向

无论做什么事都要有理想、有目标,才能努力以赴。好比开车时,要有方向,才不致走冤枉路;工作时,要有计划,运作方能顺遂。生活在大时代里的我们,除了为个人的未来努力,也要能为社会、国家的未来尽一份心力。我们努力的方向是什么呢?有四点意见:

**第一,族群整体的认同**

人常因为彼此的不同而产生情结,其中又以族群问题最甚。其实,生长在同一块土地上,说着共同的语言,有着共同的文化,何必画地自限?美国地大物博,是世界民族的大熔炉,各人种族群都可以共处;唐朝所以兴盛,也是因为包容不同民族的存在;孙中山也强调:"五族共和"。因此,我们对族群要有整体的认同,同心同德,群心群力,才能发挥更大的力量。分化的思想,只会导致纷争、战斗,对人心社会并非善事。

**第二,道德信心的恢复**

物质生活丰富以后,有些人为物所役,道德观念低落,反而没有信心,不知道自己要做什么,现今实在更需要道德与信心的恢复与重建。一个人有道德，人欢喜与之共事；一个团体有道德，人欢喜参与其中。无论企业间的往来，或是人与人交流等，信心、道德都是不可或缺的品德，因此格外地需要加强建立。

**第三，文化生活的充实**

现今的社会形态转变，比钱财更重要的是精神上的富有，讲究慈悲、讲究品德，尤以充实文化内涵、精神更为重要。目前社会正大力提倡读书活动，这是很好的方法，借此可以建立书香家庭、书香社会、书香人生，提升生活质量。

**第四，全民活力的再生**

朱熹说："问渠哪得清如许，为有源头活水来。"有活水，就能源源不断。同样的，有活力，就有目标，有活力，就会进步；人生有活力，才有光彩；团体有活力，才能延续。现在应努力再生全民的活力，例如鼓励文教、奖励投资等，让我们的社会充满色彩、充满希望。

现在的社会，凡事讲求未来性，因此我们眼光要能放远、心胸要能放大，才能创造美好的未来。

# 政治人的胸怀

在这个世界上,没有一个人能离开政治而生存,所以说,世界一切都与政治脱离不了关系。因此,每个人到了法定的年龄,自然而然会成为社会人,而且是社会的政治人。身为政治人的我们,应该具有怎样的胸怀呢?有以下四点建议:

**第一,要有道德勇气**

不管是政治家也好,一般民众也好,在说话、做事的时候,都要讲究道德勇气。如果面对利害得失,只知争取自己的利益,不明是非原则,便丧失了做人的道德;或是当言不敢言,当做不敢做,向恶势力低头屈服,也都是没有道德勇气的人。

**第二,要对政敌尊重**

现代的社会讲究自由民主政治,人人可以有自己的主张,各人可以有各人的意见。因此,政治家对于不同主张和意见的政敌,必须给予尊重和包容,不能有"顺我者昌,逆我者亡"的专制思想,才是一个真正自由民主的政治人。

**第三,要有服务热忱**

孙中山曾说过:"政就是众人之事,治就是管理,管理众人之事就是政治。"想要管理众人之事,必须先有服务的精神,所以,政治就是"服务"。身为21世纪的政治人、社会人,如果失去了"服务"的精神,便谈不上是个现代人。我们不但要有服务的精神,更要有服务品格,尽自己的心力来帮助人,才能获得别人对我们的认同。

**第四,要有包容心胸**

我们每天所听到的语言,一定有不少是不喜欢听的;每天所遇到的事情,也有很多是不顺心的。虽然如此,还是必须学习具备包容异己的雅量,以接受不同意见,听取不同的声音。一个人的包容心量有多大,其事业成就就有多大,所谓"宰相肚里能撑船",即是接纳异己,包容世界万有的政治人。

# 立志为先

实贤大师的《劝发菩提心文》说:"入道要门,发心为首,修行急务,立愿居先。愿立则众生可度,心发则佛道堪成。"修行人有坚定的信愿,足够的愿心,成佛作祖也不是难事。世间事业也一样,具足信、愿、行,就能有所成就。在此提出成就事业、志业的四项要件:

**第一,有信心就有力量**

孙中山曾说:"信心就是力量。"宗教家也深信信仰就是力量。任何人都应该对自己有信心,对朋友有信心,对国家、社会有信心。古来许多战争,本来弱势的一方,常因有信心而转败为胜。如诸葛亮的"空城计",就是因为扮作百姓扫地的八十军士和诸葛亮身边携琴的小童,对他们的主帅有信心,才能不惊不慌地配合演练,而瞒过机警的司马懿,终于转危为安。

**第二,有目标就会努力**

每一个人都应该为自己定个目标,比方说我希望将来经商,我希望办厂、教书、有一技之长、为人服务或做管理者;甚至,立志成为圣贤,成为伟大的人物。总是要有一个目标,才有前进的方向;

方向确定之后,就会有动力,督促自己努力不懈地朝目标逐步迈进。

**第三,有意志就能坚持**

人要有意志,在艰困之际,才能锲而不舍。司马迁虽枉受"腐刑"之辱,却仍咬紧牙根,埋首著书,完成"究天人之际,通古今之变,成一家之言"的《史记》;就是他有"人固有一死,死有重于泰山,或轻于鸿毛"的坚持,才能够留下这部"史家之绝唱,无韵之离骚"的巨著。

**第四,有愿力就会成功**

《劝发菩提心文》也说:"虚空非大,心王为大。金刚非坚,愿力最坚。"诸佛菩萨皆发大愿救度众生,如观音菩萨以"千处祈求千处应"的悲心,闻声救苦;地藏菩萨以"地狱不空,誓不成佛;众生度尽,方证菩提"的愿力,拯救沉沦;阿弥陀佛发了四十八大愿,而成就殊胜的西方净土。由此可知,坚固的愿力,才是成功的最重要因素。

我们常说"愿景",愿景就是我希望将来会有什么光景。如果希望有个灿烂光景、有成功的人生,那么,就不要忘了这四个先决条件。

# 严谨之仪

宋代张靖撰《棋经十三篇》中说:"博弈之道,贵乎严谨。"棋要下得好,严谨的态度非常重要。接着又说:"宁输数子,勿失一先。"有严谨的态度,才能审慎通盘考虑,才有余裕洞烛机先,赢得胜算。不仅棋局对峙时应有严谨的态度,在犹如棋局的人生中,也应有严谨之仪,才能笃定而无失误。如何才是处世的严谨风仪?有下列四点意见:

**第一,不可乘兴而轻诺**

信守承诺是做人的道理,中国人更强调"君子一言,驷马难追",双方承诺的事,甚至不用写契约书,口头约定即具效力。乃至侠义之士宁"重然诺"而"轻生死",可见重诺守信,是一个人立身处世的重要态度。严谨的人,在点头应允他人的要求前,会先评估自己的能力,绝不轻诺寡信,导致信用破产。

**第二,不可因忤而生嗔**

慈悲正直明理的人,会容纳别人的不同。所谓"智者千虑,必有一失;愚者千虑,必有一得"。一个人再如何聪明能干,也有考虑不周密的时候,因此,不要因为别人意见与我相左就生气;也不要因他人违逆我的意思就不悦。"狂夫之言,圣人择焉",态度严谨者,愈能虚心广纳多方。

**第三,不可恃宠而骄傲**

所谓"福祸无门,唯人自召"。祸能生福,福能生祸。一个人处于危难之际,心存敬谨,战战兢兢,就能将灾祸减低至最小,此即祸能生福之理。反之,一个人在平步青云,处处得长辈宠爱、贵人相助时,恃宠仗福而骄纵,轻忽侮慢他人,无形中减损自己的福报,福去祸即生。因此,严谨之人,切忌恃宠而骄。

**第四,不可位尊而忘本**

有的人出身贫穷,不过由于努力,慢慢也有所成就。地位尊贵后,却忘记自己的根本,患难之交不要了,乡亲故人不要了,乃至贫困时的关系因缘,都不要了,这样忘本的人,是没有人喜欢的。东汉光武帝的姐姐湖阳公主看上大臣宋弘,想要嫁给他。光武帝叫宋弘离婚娶湖阳公主。宋弘婉拒:"贫贱之交不可忘,糟糠之妻不下堂。"湖阳公主只好打消念头,宋弘的德行成了一段历史佳话,也赢得后人的赞誉。

严谨是每个人应有的处世态度,具备"严谨之仪"者将受到人们的尊重与爱戴。

# 涵养风姿

《大学》说:"富润屋,德润身,心广体胖,故君子必诚其意。"一个富有的人,可以用金钱财富来将房子打点得富丽堂皇;一个有智慧的人,则是以敦品励德,来涵养仪态容貌的庄严。一个人的内心修养,显现在外就成为气质风度,所以说:"诚于中,形于外。"有涵养者的形象是怎样的?有四点:

**第一,聪明者不迷**

一个聪明人不会被迷惑。这个世界上能迷惑我们的东西很多,显赫的声名地位可以迷惑我们,充裕的财富金钱会迷惑我们,浪漫的爱情会迷惑我们,甚至他人的甜言蜜语、恭维尊敬都可以迷惑我们。如果是一个聪明的人,就能看透这些事物背后的虚妄不恒长,而不被其迷惑。

**第二,正见者不邪**

所谓"正见",就是正确的知识见解,即使众说纷纭,他都能坚守原则,不为所惑。比方现代社会上的宗教现象,虽说正信的宗教不少,但是假借宗教之名,行敛财诈骗之实者也颇多。如果没有判别正邪的能力,追求错误的信仰,花钱了事还算幸运,如果因而身败名裂,家破人散,那就非常不值得。因此,真正有涵养的人具正见,知道如何正确选择自己的信仰,不会错信与邪信。

**第三,有容者不妒**

一个有涵养的人,能够包容异己,对于不同意我的人,不同的思想、种族、国家、语言行为,都有包容的雅量。对于他人的成就、荣誉、声名也不会嫉妒。有涵养者深知佛经"守志奉道,其福甚大;睹人施道,助之欢喜,亦得福报"之理,乐于随喜他人的成就,不妒不嫉。

**第四,心静者不烦**

有涵养的人在一天当中,会保留一个宁静的时刻给自己,作反省、静虑思维,摒弃心绪的繁琐杂芜,让心灵获得清明,才有足够的智慧,正确明智地处理事情。正是所谓"知止而后有定,定而后能静,静而后能安,安而后能虑,虑而后能得"。

有涵养的人,其展现在外的风度姿仪,甚为丰富深厚。

# 平实的利益

米实了,煮出来的饭,才会香美可口;木实了,做出来的桌椅,才能坚固耐用;人生无论成就事业、做人处世也要平实,不做虚空之事,才会成功平安。平实的利益有哪些?有以下四点:

第一,不妄求,是知足的生命

在这世间上,有的人急急忙忙求这个、求那个,种种的不知足、不满足,真是"争名日夜奔,争利东西惊",这样的生命,怎会自在逍遥?假如想要过平实一点的生活,你不要去妄求。该来的,是你的,跑不了,也不会失去;不该来的,不是你的,怎样想方法获得,即便是煮熟的鸭子,也会飞走。因此,所谓"由淡中知真味,从常里识英奇",你不妄求,才能体会知足生命的宝贵。

第二,不聪明,是本分的性格

一般人总是求聪明,苏东坡却说:"唯愿孩儿愚且鲁,无灾无难到公卿。"聪明不好吗?不一定。聪明是一种知识的能力,如果没有正确方向,变成小聪明,反而助长恶事,自堕烦恼,这就是聪明反被聪明误。能够聪明而不自觉聪明,不要聪明,这就是一种本分性格。你老成、本分,所谓"大智若愚",才是真聪明。

**第三,不计谋,是诚实的做人**

有的人做人种种用心,种种计谋,种种经营,种种欲求,弄权术、搞阴谋,万般心机,到最后弄得自己疲惫不堪,徒然给自己生活带来不安然、不快乐。如果能够"万机休罢付痴憨",不再竞争汲营,不再用权谋算计,那就能诚诚实实做人,放下自在,平安得福。

**第四,不自私,是单纯的身心**

有的人非常自私狭隘,什么东西都是"我的身体""我的需要""我的家庭""我的亲戚""我的朋友"……到最后,无论什么东西都是"我的",因为"我的"太多,他的世界里只容得下自己,没有别人,苦恼、麻烦也就跟着多起来。能够不自私,什么都是大家的、大众的、你的、他的,只为别人,不据己有、慈悲喜舍,就会拥有单纯的身心。

# 负重的条件

每一个人都具有无限的潜力,就看我们自己能不能把潜在的性能发挥出来。你能把性能发挥出来,就可以"能早能晚""能饱能饿""能冷能热""能大能小""能进能退""能上能下""能有能无""能荣能辱",无所不能。这就是一个人生活在这世间能承载的力量。如何增进这承载负重的力量呢?有以下四个条件:

**第一,能智能拙,期可久也**

一个人需要聪明、智慧,才有办法面对和解决遇到的种种人、事、物问题,但有时候也需要"拙"的功夫。"拙"不是愚昧,不是愚痴,"拙"只是不足、不灵巧,就是因为这样,所以才肯踏实、本分、朴实,一步一步地把一件事做好,这是成功之道,也是做人处世的长久之计。因此,人的一生里,能智能拙最好,若不能时,也宁可以选择拙,千万不可以智害拙。

**第二,能信能疑,险可走也**

信,是立身处世的根本。于世间要有信有义,对别人要诚信不欺,做事情要守信为先,对自己更要有坚定的信心。但是,所谓"害人之心不可有,防人之心不可无",有时候,也不得不要有犹豫质疑的情况。当信的时候相信,当疑的时候也要怀疑,如此,遇到危机、危险时,你才能处理化解,平安度过。

### 第三,能刚能柔,重可负也

做人处事,你光是执理刚强,别人也不容易服气。反之,一味地低姿柔软,人家也会看你不起。所以,有的时候要"刚中有柔",有的时候要"柔中有刚",当刚则刚,当柔则柔,刚柔并用,才可以忍辱负重,达成目标。

### 第四,能屈能伸,功可成也

古人有云:"君子之身,可大可小。丈夫之志,能屈能伸。"为了理想抱负,目标愿景,我们做人处世也要"能屈能伸"。好比这双手,握拳可以施力,伸展可以取物,能收能张,才能运用自如。能懂得"大直若屈",功业可成也。

骆驼能负重,所以能越过沙漠;船只能载重,所以能横渡汪洋;要坚强勇敢地行走在人生道路上,这四点负重的条件,要自我培养。

# 真正的内涵

一个人有漂亮的容貌,亮丽的外形,在社交活动上当然会占优势。但是要真正有魅力,绝不能光靠外表。外表是假象,青春很短暂,容貌很快会随着时光的流逝而衰老。一个人的内涵可以随着岁月的成长而逐渐丰厚,而成为真正高贵庄严的人。内涵不等于漂亮,却是别人不敢小觑的特质。除了气质、道德、聪明智慧等都可以是我们的内涵外,这里还有四项具深意的内涵,提供给各位:

第一,真正的力量是忍耐

忍耐是勇者的象征,忍耐是担当、是力量,忍耐甚至能化除仇恨。所谓"忍一时,风平浪静;退一步,海阔天空"。现代人因为渐渐不堪忍耐,什么事都要争,因此也慢慢形成社会的暴戾风气,因一时气愤,而闹出命案的新闻也不少见。人家都说"士可杀而不可辱",韩信却因为忍得胯下之辱,而成为真正的英雄。因此,忍耐才是真正的力量。

第二,真正的智慧是宽厚

有些人很聪明,但他的聪明是用来跟人家计较,讨人家便宜,或算计别人,这些都不算真聪明。真正的聪明是肯待人以宽、以慈、以德,有如此宽厚的德性,才是真聪明。

不吝以自己的智慧为人服务,以自己的福报与人共享,在言语、行为上,处处留人余地,才是真智慧。

**第三,真正的慈悲是包容**

我们讲究慈悲、讲究博爱、讲究人和,最要紧的是要有包容心。你的爱心有多大,可以包容多少,你就拥有多少天地。你能爱一家人,你做家长;你能爱一村人,你就有做村长的能耐;你能无私地爱一个国家,处处为人民着眼、谋福,你就有资格当国王。你的慈悲如虚空,能包容万物,那么,你就拥有整个宇宙天地。

**第四,真正的财富是满足**

有一个人骑着驴子外出,见到前面一个人骑着马,他好生羡慕,恨不得自己骑的就是马。可是回头一看,有一个人正汗流浃背地推着车。他满足地说:"你骑马来我骑驴,看看眼前我不如;回头一看推车汉,比上不足下有余。"有再多的财富,如果不知满足,还是贫穷;虽然仅有少许财富,却很珍惜、很满足,这才是真正的财富。

内涵要点滴积聚,非一蹴而就,非文饰可得,要从内心逐渐培养忍耐、宽厚、包容、知足的德性,才能丰富我们真正的内涵。

# 慎独

一位惯窃的父亲带着儿子入室盗窃,并且让儿子在外把风。正当在屋里翻箱倒柜之际,忽然听见儿子的叫声:"爸爸,有人在看我们!"父子俩落荒而逃。跑了一段路后,他问儿子:"刚才你看到什么人?"儿子回答:"月亮一直看着我们呀!"

我们一切作为,起心动念,不但月亮看得到,乃至因果昭然,无不尽知尽见。儒家说:"君子慎独",就是提醒自己独处时,必须有"战战兢兢,如临深渊,如履薄冰"的谨慎心念。如何独处?四点提供给大家:

第一,独居不妄想,是养气功夫

胡思乱想,易生暗鬼,因此我们应不欺暗室,养成端正的心志,坦然无畏的功夫。佛陀告诫弟子:"寂静不作恶,善说不乱思,则能远恶业,如风扫枯叶。"意思是,若能居于寂静中,不作恶业,口出善语,思想无妄念,恶业就像清风拂去枯叶一般,自然远离。独处时,能谨慎地觉察自己所思所行,所谓"防身离过",正直刚大之气,自然成为心底功夫。

第二,独行不滞碍,是养神功夫

独行做事,无所挂碍,以戒定慧作为身口意的防护,可以逐渐养成独立承担的人格与气魄。所谓"高高山顶立,深深海底行",拥有独立人格者,他不畏困难,不怕挫折,念念作积极、光明面想,能够任运自如,不停滞、不执着,自是养神功夫。

**第三,独室不邪思,是养德功夫**

君子修德,所谓"幽隐细微,必慎其几"。我们独处,所谓"暗室屋漏,一如大庭广众之中,表里精粗,无一或苟",不邪思、不邪想,不意念是非人我,起心动念间如法清净,幽暗细微处严格要求,慢慢内化成自身的涵养,自然成就养德功夫。

**第四,独自不愧心,是养量功夫**

东汉昌邑县令王密,夜送 10 斤黄金,报答太守杨震栽培之恩。杨震辞金不受,王密说:"现在是夜晚,无人知晓。"杨震大怒,斥声说道:"天知,地知,我知,你知。怎么会无人知道?"如果我们也能如此,以无愧于己的信念,抵御暗室可欺之心;何时何地,一切作为,不愧对天地良心,自警自诫,必能长养自己的心量,丰富自身的内涵。

曾子说:"十目所视,十指所指,其严乎。"我们若能不愧屋漏,在举心动念间,不敢逾矩,把握分寸,心中有天地,有规范,风度自然成熟泱泱。

# 操守

莎士比亚说:"在命运的颠沛中,最容易看出一个人的气节。"人的一生要克服无尽的磨炼才能成长,所谓"富贵不能淫,贫贱不能移,威武不能屈",这些磨炼包括物质、情爱、忠诚度的考验,更是"操守"的试金石。在人生的旅途中,我们如何才能坚守自己的操守,不受外境诱惑而变节呢?有四个譬喻说明:

**第一,金可磨,而不可以夺其色**

黄金可以耐高温冶炼,可以磨到发亮而颜色始终如一,不被外力夺其颜色,此即"真金不怕火炼"。黄金在高温之中不变其质,更不坏其色;就如正良贤士,即使遇到外力的胁迫利诱,也不会改变他正直忠诚的本质。说明人生本是一场无尽的考验,能勇于接受磨炼者,才能如真金炼之以火,一切垢尽,不但不变其色,更能转为明净。

**第二,兰可移,而不可以减其馨**

兰花,原是生长在深山幽谷之中,即使被人移植到花园里栽种,也能不减其馨香,所以被古代文人雅士誉其如不求名利的高节之士。语云:"闹中静察,困时向上",说明有涵养的人,处境穷困,其心志宽广；身处富贵，也能恭敬从容。所谓"忧道不忧贫"，一个有着高风亮节之操守的人，不因外在环境改变而放弃追求真理的热忱，如此才是真正的君子。

**第三，玉可碎，而不可以改其白**

白玉即使被打碎了，依然保持它净无瑕秽的洁白颜色，不因破损而玷污其质。贤能忠诚之士如洁玉般，不因诱惑而损其道德和节操，更不会因外侮而变节改志。孔子说："可以托六尺之孤，可以寄百里之命，临大节而不可夺也。"《礼记》亦云："临财毋苟得，临难毋苟免"，都是说明君子不变其节的高尚情操。

**第四，铁可销，而不可易其刚**

钢铁可以受烈火销熔，但是它的刚性、硬度，是不能改变的，就如孔子所谓："三军可夺帅也，匹夫不可夺志也"。又说："志士仁人，无求生以害人，有杀身以成仁。"看看历史上如文天祥、张良、苏武等宁全大义而守节的豪杰义士，其大无畏的精神，就如"铁可销熔，而不可易其刚"之气节。

岳飞曾说："文官不爱钱，武将不惜死。"说明做人要能不受富贵引诱而易心，不因贫贱磨难而丧志，不被暴力威逼而变节。就如黄金能保持自己的本色；如兰花能保持自己的芬芳；如白玉能保持自己的清白；如钢铁能保持自己的正直。这四种节操，正是我们应有的操守。

# 气节

人不怕无权无位,就怕没有志气。一个有志气的人,纵使身处逆境,尽管被人打压,都能像蝴蝶一样"破茧而出";没有气节的人,纵使环境因缘再好,他反而耽溺其中。所以人要有气节、要有节操,有气节才有志气、才有勇气、才有义气、才有道气。人的"气节",有四点说明:

**第一,在贫困中要有人格志气**

人生的际遇,有穷通祸福、兴衰荣枯。当处穷困时,有的人很容易丧失尊严、失去斗志,有的人则"人穷志不穷"。人格志气的可贵,是在功名富贵之外;人有志气,则困苦反而是完成人格的增上缘。一个人平时如果不肯进德修慧,人格就会卑贱;心里常念"好""惭愧""结善缘",则能使人格达于善美。

**第二,在危难中要有信心勇气**

佛经云:"国土危脆,三界无安",世间本来就充满了不可知的变数,人生也难免会有遭逢危险、困难的时候。面临危难,最重要的是要有信心,要有勇气。有的人遇到了危难、困苦,自己完全没有勇气、信心去面对。一个对自己的前途、未来没有信心、没有勇气的人,怎么能力求上进呢?

**第三,在富贵中要有善心义气**

有的人否极泰来,从困苦中奋斗有成,一下子富贵发达了,他就挥霍无度,完全忘记自己当初是如何从穷困中走过来的。因为不能记取过去的经验,不懂得谨慎面对未来,很可能又会再度失去所有。所以人处富贵的时候,应该懂得贫穷困苦的艰难,应该更有善心义气去帮助穷苦的人。当处富贵时,能有善心义气主动去帮助别人,自能增添自己人格的光辉。

**第四,在修持中要有正心道气**

一个人不管信仰什么宗教,不管修持什么法门,最重要的是要有正心道气。所谓"因地不正,果遭迂曲",一个人如果心地不正,则"邪人说正法,正法也成邪";反之,"正人说邪法,邪法也成正"。所以在修持中要有正心道气,心正,才有道气;心不正,根本谈不上道气,当然也就无从发挥。

有志气的人,一句话,不管好坏,都能使他长进;一个境界,不管顺逆,都能激发他的潜能。就如刚发芽的竹笋,寒风冷雨也能助它成林。

# 思维

人生的每个阶段有不同的思维方式；不同涵养的人，有不同的需求。幼儿希望有牛奶喝，年轻人希望才华横溢，成年人希望名利双收，每一个人所思所想各有不同。如果你想要了解自己是一个什么样的人，只要每天仔细观察自己的所思所想，必定可以认识自己、找到自己。以下有四种思维提供大家参考：

第一，思维珍宝财物是凡人

一般人大多希望自己获利愈多愈好，积蓄愈多愈好。虽说物质生活是人类的基本需求，但是对于身外之物过分需求，汲汲营营，每天心里所想只是如何钻营财利，脑筋所动就是计较权贵珍宝，这不就是十足的凡人吗？

第二，思维湖光山色是诗人

有些人不在乎财利权势，寄情于山野林间，归投朴实不华的生活，他赋吟自然之美，歌咏大地之广，怡然自得、任运无碍。虽不见高俸荣禄，却有山林的丰富物产；虽不见高广闲庭，精神却与天地物我合一，这样与世无争的性格，就是诗人雅士的性格。

**第三,思维道德仁爱是贤人**

《礼记》载:"仁者莫大于爱人。"一位具备仁爱之人,他会经常想到礼义道德,而不是计较利害得失;他会常思及如何去利益别人,而不是自己的安乐利养。有仁爱的贤人,他会救人的危难,济人的窘急,但不会因求自己的名誉而去伤害他人。

**第四,思维真如佛性是道人**

假如我们每天心中都是心存善念、欢喜助人,以及如何去除习气、去除妄想烦恼,找到真心,明心见性。甚至发菩提心、发慈悲心,这就是个修道人,甚至他会像观世音菩萨一样闻声救难,慈悲利人,像地藏王菩萨救苦于倒悬。所以常常反观自照的人,就是属于修道人的性格。

思维自己属于何种人,就是在反省自己的优缺得失,古德说:"白日所为,夜来省己,是恶当惊,是善当喜。"就是在思维自己的心念是否偏离正道。所以,想要知道自己是一个什么样的人吗?可以仔细检查一下,平时心中的思维是什么?

# 回馈

有的公司、工厂一旦经济效益显著,左邻右舍都会来要求回馈,希望能为当地建设付出心力;当然民众在纳税之余也希望政府回馈,为人民增加各种福利制度;乃至有回馈客户、回馈乡里、回馈意见等。其实,倒不一定要人家来回馈我们,我们自己也要懂得回馈别人。"回馈"有四点:

**第一,对父母要回馈以孝顺**

《诗经》云:"哀哀父母,生我劬劳。"父母于生养子女之初,从不嫌弃便溺的肮脏,抚育时,更是竭尽心力;当儿女长大成人之后,又提供教育的机会;出了社会,还要忧心事业顺利与否。父母为子女辛劳了一辈子,为人子女的我们能不报答、不回馈吗?因此,对父母要能孝顺,凡事不要让父母担心困扰。

**第二,对师长要回馈以恭敬**

师长传授知识给我们,给我们不断的鼓励,带领着我们成长,甚至放下了自己的大好前途,无私地奉献教育、提携后辈,我们能不回馈师长吗?因此,对师长要心存恭敬,所谓"有事,弟子服其劳"。心存恭敬,则无事不成,也不负师长的栽培之恩。

**第三，对朋友要回馈以帮助**

从小学、中学、大学，一直到踏入社会，我们会结交不少朋友。遭逢悲伤时，朋友是最大的精神支柱，给予我们莫大的鼓励和慰藉；欣逢欢喜事，朋友是分享的最佳对象。求职时，朋友鼎力协助帮忙；计划时，朋友提供宝贵意见；遇到任何需要，朋友总是第一个给予帮助的人。反观自己，朋友给予的帮助这么多，我有回馈他们吗？我是有情有义来帮助朋友的吗？

**第四，对社会要回馈以奉献**

日常生活里，我们能不愁吃、不愁穿，搭车有专人服务，工作有福利保障，交通也便利快捷，一切都是因为社会各界的努力奋斗。国家积极建设，我们才拥有诸多方便享受，以及一切所需。正因为拥有了这么多，我们更应该回馈社会，为社会的进步和发展贡献力量。

一个懂得回馈的人，必定是个富有的人；不懂得回馈的人，则将贫穷一生，希望人人做富贵之人。"回馈"有四点建议，希望大家付诸行动。

# 是非

人际之间,最忌蜚短流长、捕风捉影,空穴来风的话,不仅自己苦恼,也伤害他人,成为是非。宋朝怀深禅师告诫世人:"莫说他人短与长,说来说去自招殃,若能闭口深藏舌,便是修行第一方。"做人,要少说人家的是非,少论他人的短长,这"便是修行第一方"。然而,世间的是非这么多,怎样来面对呢?

第一,不说是非

说话要有智慧,该说、不该说,也要智慧判断。例如所说非人不说、谄媚阿谀不说、出言招忌不说、说了招惑不说。佛门云:"少说一句话,多念一句佛。"古德亦云:"时时检点自身事,莫费工夫论他人。"就是要人修好口德,不在自己的口下犯过失。

第二,不传是非

君子不但不说是非,也要不传是非,更不去渲染、扩大。所谓"是非止于智者",就是让所有的是非、恶言,到我这里便截止了,不两舌、不挑拨,以讹传讹。念庵禅师有一首偈语说:"世事纷纷如闪电,轮回滚滚似云飞;今日不知明日事,哪有工夫论是非。"讲话自重,少说是非,多说好话,就能不传是非,维护口业。

**第三，不听是非**

世事多纷杂，此也是是非，彼也是是非；是非朝朝有，不听自然无。假使听到"是非"，也不必苦恼，要能分辨善恶、黑白、对错，以真理判断，不合道德、不合礼节，就当远离。让自己的耳朵不听是非而听实话，不听恶言而听善语，不听杂话而听佛法，不听闲言而听真理，耳根自然就清净了。

**第四，不怕是非**

现实的人生，到处都有是非，可是在一个有道之人听来，一切都是因缘和合。是自己的是非，忍耐一下，终究会过去；或遭人毁谤，也是暂时的假相，无须丧气，以讥我、谤我为助缘，当作是消灾解怨。至于别人的是非，要用智慧判断，不必跟着起舞，学习弥勒菩萨大肚能容，把是非、烦恼消融转化，一切嗔怨自会平息。

面对是非之道，不但不说是非，不听是非，不传是非，不怕是非，进而检举是非，求证是非，公开是非，是非就会遁之无形，无法存在。

# 养智

一般人都重视保养。为了身体健康而养身,为让心理健全要养心,为使精神、体力充足需养神。除此之外,最重要的是"养智",智是般若智慧,它不同于聪明,有时聪明反被聪明误;智也不同于灵巧,灵巧是敏捷,但有时不深厚。"智"如同镜子,自然光照毫无造作,正确如实而无伪饰。如何养智?有四点要增强:

**第一,要有清楚的观照力**

看人、看事、讲道理,要有观照的力量,清楚、明白,不偏不倚。好比照相时,距离、光圈调得准确,才能照出清晰的画面,言谈、处事也是这样,有智慧的观照,就能正确无疑。具备了观照力,外境的五欲六尘才不致登门而入,扰乱身心,念头也才能保持在了了分明的觉察中。

**第二,要有正确的判断力**

颇受社会大众敬重的温世仁先生曾说,未来的学生必须具备两项条件,一是语言,二是判断力,这是没有错的。判断力的养成尤其重要。判断善恶、是非、好坏,要依循一定的标准、道理,也就是要有普遍性、平等性、必然性,判断出来才会正确。它不是糊里糊涂的,不是某一个人说是就是、说非就非。如同下棋要有判断力才能胜出,登山要有判断力才不至迷失。人生也如下棋、登山,要有明智的判断力,每一步才能稳固,生命才不致迷惑。

**第三,要有合理的思维力**

《增一阿含经》有云:"以我有忍力、思维力故,便能降伏魔众,成无上正真之道,坐于道场。"一切人、事、物,并不是光看表面就能明了,必有它内在的道理;也不是光看一时,还要看它过去的因缘。所以,凡事经过合理的思考,前因后果、来龙去脉,都要考虑清楚,才能掌握重点,也才能增学进德,增长智慧。

**第四,要有果决的自信力**

一个人若不得办法判断、了解,就无法给予人指导,自己也生不起自信心。具足智慧,就懂得判断,信心就会增长,随之产生力量。

有了自信力,对于是非判断,就会快速果决;有了自信力,困境当前,就会展现能力与信心;有了自信力,才能在毁誉之前,不改其志,肯定自我的能力与价值。

每个人无不希求智慧、明朗、圆满。以上四点的"清楚的观照力""正确的判断力""合理的思维力""果决的自信力",就是养智的方法,懂得培养增上,必定能开发智慧。

# 节制

节制是一股自制的力量,人不知节制,就容易出问题。所谓"病从口入,祸从口出",饮食不节制会生病,说话不节制招怨怪。过分欢喜、过分悲哀,不是乐极生悲,就是愁肠百结,都不是好事。"节制"是保持冷静的智慧,可以避免冲动,作出错误的判断。到底要节制哪些呢?提供以下四点参考:

第一,言语节制则怨尤少

语言是沟通的桥梁,《韩非子》说:"事以密成,语以泄败。"西谚也云:"如同选择食物一样,说话也要选择。"话要见机而说,简洁而说,否则多余的一句话,会惹来不必要的麻烦。不必说而说是多说,不当说而说变是非,因此要懂得说话艺术,才不会招惹怨尤;懂得说话节制,是智者的表现。

第二,举动节制则悔吝少

行为举动是一种礼仪,凡有所行,应有其节。行为不当,容易引起误会,甚至惹祸上身,例如不当笑而狂笑,不当哭而号哭,不该做而多管闲事,应该做而不敢承担,就会误解、怨恨、不知轻重、不明因缘,引起种种情绪,百结丛生。倘若举动有节度,烦恼会减少,获得他人敬重;举止知节制,懊悔会降低,可以安顿身心。

**第三,饮食节制则疾病少**

古德说"吃饭七分饱",意指不贪求、不过饱;佛教也说修道人摄取食物"如蜂采华,但取其味,不损色香",说明吃东西只是为了滋养色身,好用功办道,不在口感上过多重视。唐朝孙思邈所说:"盖饱则伤肺,饥则伤气,咸则伤筋,酸则伤骨。"吃太多、太少、太咸、太甜都容易致病,因此,饮食调配适时定量,才是健康之道。

**第四,欢乐节制则祸败少**

每个人都想追求欢乐,但过于欢乐,往往失去平安。像巴西嘉年华会,整夜狂欢;台南盐水蜂炮,刺激危险;乃至高速飚车,疯狂蛇行等,意外就产生了。太过兴奋,造成心脏负担,血压上升;得意忘形,苦果随之现前。所以,在快乐时,要明白无常变异的真相,懂得节制,才能避免祸事。

花朵过分盛开容易凋谢,水果过分成熟失去原味,做人过分谦卑变成虚伪,因此,凡事都要能节制,不吃过头的饭,不说过头的话,不走过头的路,不做过头的事,学习《法句经》说的:"能克制自己,过于胜他人,若有克己者,常行自节制。"这就是自制的力量。

# 有格

人生的意义,不在于三餐温饱,而如行尸走肉般地活着;人生的价值,也不在于创造亿万财富,却是一毛不拔,悭吝不舍,自私自利地营造一己之福。人,要活得于人有益,要活出自己的道德人格来,才有价值、才有意义。如何活得"有格",有四点看法:

**第一,不做金钱的奴隶**

俗语说:"一钱逼死英雄汉。"人要在世间生存,不能没有物质生活,当然也不能鄙视金钱的重要。但是,有的人富甲天下,却不懂得善用金钱,每天守着财富,怕被偷、被抢、被倒账,成了守财奴。另外,也有人每天汲汲营营于追求财富,把财富看得比亲情、友情、人情更重要,为了金钱可以不顾一切,如此不但同样做了金钱的奴隶,而且失去了人格。所以,人要知足,要有智能应用财富,而不是被金钱所用。

**第二,不做物质的俘虏**

人,为了五欲之乐,往往做了物质的俘虏而不自知。例如为了要住豪华大宅,天天忙于打扫房子;为了要买卖股票赚钱,天天为涨停板、跌停板而操心。甚至为了一部进口汽车,天天要照顾、要保养,或是为了一件漂亮的衣服,种种的爱惜、整烫等,都是做着物质的俘虏。此即所谓"心为形役、人为物役",何乐之有?所以,人应该节制物欲,才能活得洒脱自在。

**第三,不做欲望的跟班**

人,活着究竟是为了什么?有时候想一想,几乎都是为了欲望而辛苦;欲望愈大,生活就愈辛苦。有的人渴望发财,天天就为发财辛苦,做着财欲的跟班。有的人为了美色,于是为美色辛苦,做了美色的跟班。乃至希求名位,就为名位辛苦,所以财、色、名、食、睡,过分的贪求,就成为"地狱五条根"。人总在不自觉当中,跟着五欲走上自我毁灭之路,岂不可叹!

**第四,不做权势的仆人**

人,永远不会知足。没钱的时候,希望发财;有了财富,又希望成名;名气有了,还想着权势。看到别人有权有势,出门前呼后拥,何等风光?于是处心积虑,想尽种种办法接近权贵,如仆人般地小心侍候着。为了攀附权贵,如此趋炎附势,失去了自我,人生的价值何在?

所以,人要有骨气,所谓"风檐展书读,古道照颜色"。人生最重要的,是要活出自己的风采,要活得"有格",这四点意见,值得我们深思。

# 法律

我们在人间生活,有了制度,有了规范,生命权利才能获得保障,因此国家制定了人民共同遵守的法律,用以惩戒坏人、保障好人。法律是人类行为的共同准则,法律之前,人人平等,不因生活水平、谋生能力、地位贵贱、权利高低而有不同的惩戒条例。

所谓"法律",其意义有两点:

**第一,善恶是显露的法律**

法律是用来制裁犯罪、打击恐怖行为,是保护善良、维护道德伦理的法规。所谓"法网恢恢,疏而不漏",再高明的违法手段,终有露出破绽的时候,所以在法律之前,千万别心存侥幸,莫存疏漏之心而去为非作歹。俗语说:"若欲人不知,除非己莫为";法律是无情的,法律是惩奸除恶,是维护善良的戒尺。

**第二,本心是内在的戒律**

法律能对罪犯处以刑罚,但是人们内心无形的善恶,由谁来判决呢?自己的良知,以及自己的本心!孔子曾说:"以德去刑",说明人人自觉的道德本心,就是内在的戒律。所以每个人都是自己的"法官",自己应该为自己每天的行为作裁决,我做了什么善事?

作了什么恶？自己的善恶自己最清楚，你逃得了天下人的眼睛，逃得了国家的法律，但是逃不了自己的良知。所以本心是内在的戒律。

# 美德

美好的、合乎真善美的道德、行为,就是美德。美德令人感到欢喜,具有许多美德的人,令人感到真诚,让人相处起来,舒服、和谐、乐于亲近。美好的德行有哪些呢?

**第一,美貌使人悦目**

美貌不是美丑的比较,也不只是外在、外表而已,它更包含内在的庄严美丽。一个人外在洁净不邋遢、环境整洁不杂乱,加上内在的修为、气质、风度、品格等,这样呈现的美,自己有信心,也会让人欢喜。因此,我们更应把美推广到世间,从环境周围,到人与人之间,到个人内外,比方挂一幅好画,分享一首好歌,乃至自己风采仪范的养成,都是令人赏心悦目的。

**第二,道德使人敬仰**

有谚语云:"人间道德无价宝,比山比岳万倍高。"道德,它维护社会人群的纲纪于不乱,具有保护生活安全的功能,它更是人类最珍贵的质量。你有惭愧、有感恩、有慈悲、有信仰,具备这种种美好的道德,别人会对你生起恭敬心。

**第三,贞洁使人尊敬**

无论是男人,或是女人,都要有贞洁的品德。贞洁指的是,做人不要是两面人、言行不要前后矛盾,他不会没有是非的观念、没有忠奸的辨别,也不会像墙头草,随着风吹到东就向东,吹到西就向西。他讲究信誉、讲究诚实、讲究无欺、讲究清净。所以贞洁的人,让人家感觉到跟你做朋友,可以推心置腹,可以放心信赖,因此会使人尊敬。

**第四,真诚使人信服**

和人相处,真心诚意才能获得朋友。不以耍手段、玩欺骗,用小聪明来占人家的便宜。别人上当一次、两次,可能还肯原谅他,多次以后,人家看破他的别有用心,看穿他是纸老虎,对他的做人信誉,就有所怀疑了。所以,唯有真诚,友谊才能恒长持久,人格才能让人信服。

道德不是教条,道德更不是框框,它是自己发自内心愿意去实践的美德,是自我的净化、自我的升华,自然别人也会尊重你。具备以上这个四点"美德",实在是对人间的一种好供养。

# 蓄养

学生要蓄养各种能力,将来才能为社会所用;企业要蓄养人才,才能永续经营。人要蓄养体力,方能精神奕奕;人要蓄养兴趣,人生才能丰富,乃至要蓄养人缘,才能为众所信。对于"蓄养",有以下四点建议:

**第一,寡言得以涵智**

《礼记·内则》曰:"慎而寡言者,使为子师。"有的人讲起话来总是滔滔不绝,不经大脑思考就脱口而出,得罪人还不自知;有的人沉默寡言,一旦需要开口,总能口出智慧之语,令人尊敬。因此,一个谨慎的人,不会随便开口说话;一个急性子的人,话总是特别多,却也常因语出不当而后悔莫及。

**第二,惭耻必能增德**

宋朝诗人李邦献说:"以礼义为交际之道,以廉耻为律己之法。"人若能时时生起对不起别人、对不起自己的心,一定能增上道德。过去有个画家为了画罗刹像,想找面貌凶恶的人做模特,有人建议他到监狱找,画家到了监狱,看到里头有佛堂,便打消了来意。管理员问他,他说:"被佛法之水沾沐的人,再怎么凶狠,都会有惭愧心,这里不会找到面貌暴戾的人了!"所以,拥有惭耻心,心地必是庄严美丽。

**第三,宁静足以自处**

人生最痛苦的事情,莫过于身心无所安置。有的人一上讲台,紧张到手脚不知道放哪,身心无处安顿。明朝周敦颐说:"无欲则静,静则明。"从宁静中,才可以体会到更宽广的世界。所谓"宁静",并不是一切停止不动,而是内心没有声音,即使在热闹场中,心仍不为外境所动,这才是心灵的宁静。

**第四,观照当能明心**

佛陀说法,要观照众生的根性;商人售货,要观照消费者的需求;人想过得自在,要经常观照自我,观照自己是否妄想纷飞,观照自己是否宽以待人。观照力不够,就无法明白事情的真相,烦恼也就不得消除。所以,一个有智慧的人,要能观照出苦乐皆由分别心所造作,才能自我健全。

所谓养精蓄锐、蓄势待发;人们平时就要蓄养心性,养深积厚,储备好自身的能量,方得普世利人。

# 缺陷

佛教称这个世界为"娑婆世界",意译是"堪忍、能忍",指众生必须忍受各种烦恼,堪受许多苦恼。可见这世界本来就是有缺陷、有苦恼、需要忍耐的世界。所谓"人无千日好,花无百日红",在有缺陷的世界里,若一定要寻求完美无缺,必定会觉得挫折与痛苦。如果能认识到我们就是在这个有缺陷的世界中,不断地求进步,不断地克服缺陷,超越缺陷,那才是真正了解生命的价值。在此提出世间的四种"缺陷":

**第一,天无全功**

天并不是十全十美,比方我们祈望风平浪静,自然界偏偏有台风、飓风,且都带来莫大的损失。

我们不希望有地震,偏偏每隔一段时间,就传出地震的灾害。缺水的时候,天不下雨;不需要水了,偏偏阴雨不停,甚至洪水成灾。即使是老天,也没有办法符合我们的愿望。

**第二,人无全能**

有些人会说"神明全能"。如果神是全能的,这个世界就不会有这么多痛苦,请神明把不好的改变一下,不就好了吗?唐朝的元珪禅师曾说佛有三不能:"能空一切相,成万法智,而不能即灭定业;佛能知群有性,穷亿劫事,而不能化导无缘;佛能度无量有情,而不能尽众生界。"佛都非全能了,神也无法全能,人更不能全能。

**第三,物无全用**

世界上所有的东西,没有一样东西能具足所有功用。再好用,再有用处的东西,还是会有它的限制。我们常说"一物克一物""强中更有强中手",就是此意。因此,不要强求一物即具万用,但求物尽其用,也就足够了。

**第四,心无全善**

《大乘起信论》说:"一心开二门",每个人的心都有两面,一是"心真如门",是善的,是佛性的部分;另一是"心生灭门",是邪恶的,是凡夫生起贪嗔痴慢疑的那部分。修行,就是在善恶之间交战,不断地去除我们的恶念、恶事,使我们的心得到净化,让善美的佛性显现,直臻于至善。

这个世间是有"缺陷"的,可贵的是在缺陷中追求善美。许多伤残的人,残而不废;许多有缺陷的人,用自己的力量补足缺陷,战胜缺陷,那么,即使有缺陷,生命也是美丽的。世间本就存在着缺陷,能努力克服缺陷,便能显现生命的价值。

# 水的德行

日本历史上著名的大将军黑田孝高,因善于利用水作战,而被称为"如水"。他曾写过"水五则",说明水有五个特点:一、自己活动,推动别人;二、不断探求方向;三、遇到障碍,发挥力量;四、自洁洁他,容清纳浊;五、百种变化,不失本性等。我们常说人有德性,其实自然山水也有德性,以下归纳水有四点德行:

**第一,水的仁慈能沐浴众生,泽及万物**

水的德行非常仁慈。你看,我们用水解渴,获得滋润;用水沐浴,获得净洁;以水灌溉花木,生生不息;以水熄去热恼,清凉欢喜。水的慈悲,泽及万物。

**第二,水的义气能扬清激浊,荡涤污垢**

水也显现它的义气。水有净化的作用,只要流过尘坊粗恶的地方,就能把肮脏、污垢去除。再脏的东西,一经过水的洗涤,马上就干净了。因此,水能助人,也能帮助万物净化。

**第三,水的勇猛能柔而难犯,弱而克刚**

水有柔软的性格,但也有勇猛的特性。你看,潺潺流水,流过村庄平地,温和而婉约。但是,所谓"滴水穿石",再高的山,水都能穿蚀而过；当它从高山一倾而泄，形成的瀑布，壮阔有力，美丽而壮观。乃至世界上最利的刀不是钢刀，而是水刀。因此，水看似柔弱，却能克刚；水看似依顺，却也勇猛刚毅不能侵犯。

**第四，水的智慧能疏通江河，自成盈满**

许多湖泊具有疏通江河，调节水势的功能。像洞庭湖，夏季洪水时期，湖面较大，冬季时，则湖面缩小，具有调节长江水量的作用。因此，水也具其智慧，太多、太少，互相调节，自成盈满。

此外，老子说："上善若水，水利万物而不争。"孔子也曾赞美水有五德：有德、有义、有道、有勇、有法，所以"君子遇水必观"。

因此，人也应该学习以上这四点水的德性，给世间仁慈，给世间义气，给人间勇猛，给人间智慧。

# 有骨气

气,代表一个人的气质、涵养。有的人容易生气,动不动便发脾气;有的人则充满侠气,与人交往讲究义气。一个容易意气用事的人,做事血气方刚,得意时便意气风发,不如意时便怒气冲天;反之,一个沉得住气的人,处世能心平气和,该维护正义时,又能正气凛然。做人要争气,不要生气,修行人讲究道气,做人则一定要有骨气。如何做个"有骨气"的人,有四点意见:

**第一,身有傲骨,可杀而不可辱**

一个人在自己的一生当中,有时候做人处事要带着这么几分的傲骨,但是不能傲慢。也就是要有自尊心,懂得自尊自重;这种有傲骨的人,所谓"士可杀而不可辱",你可以杀死他,可以要他的命,但是你不能侮辱他,不能伤害他的尊严。

**第二,身有奇骨,可畏而不可犯**

有的人身有奇骨,这种人很特殊,你可以敬畏他,但不可以冒犯他。你尊重他,他可以为你卖命,甚至为你赴汤蹈火,他都心甘情愿;但是如果你看不起他,或是冒犯他,他可能跟你拼命。

**第三,身有贞骨,可锻而不可销**

有的人属于"三贞九烈"之士,这种人"忠贞不贰"。对于这样的人,你可以磨炼他、训练他;但是你不可以放弃他,不可以把他销毁,这种人是人间的至宝。

**第四,身有道骨,可佩而不可怜**

有一种人非常重视自我的尊严、自我的道德、自我的人格。这种人你可以佩服他,但不能可怜他。你佩服他,他可能成为你的好朋友;如果你可怜他,他可能从此与你形同陌路。

所以,世间的人,应该努力培养自己的气质,做人至少要讲究有一点骨气。有骨气的人,走到哪里,都能受人尊重,都会受人礼敬。如果没有骨气,无论走到哪里,都摆脱不了被奴役的性格,都不会受人尊重。因此,一个"有骨气"的人,自有其不同于一般人的人格特质。

# 廉洁的形象

"清正廉洁"是一个人最基本的操守,当你拥有了清廉正直的形象,就能得到他人的信任,不管到什么地方,都有人肯跟你合作,到处都能结交到朋友。做官者,不贪污不营私是清廉;经办公务,不中饱私囊,不拿回扣,是清廉;就业谋职,不假公济私,不以私害公,是清廉;经商往来,不损人益己,是清廉。略说"清廉的形象"四点如下:

**第一,不假公济私**

有些人做事公私不分,或假公济私,或贪取公物,或损失公益以求自利。不要以为这些小事,别人不会知道,纸包不住火,"若要人不知,除非己莫为"。一旦让他人发觉你假公济私,就会失去长官的信任、部下的尊重。莫为贪小利而丧失清廉的形象,得不偿失。

**第二,不中饱私囊**

私,是人性的弱点。有这么一个故事:有个小孩在学校偷了同学的圆珠笔,父亲知道后,立刻给儿子一记耳光:"你怎么可以偷人家的笔呢?你要圆珠笔,爸爸可以从上班的地方拿一大包给你。"

这还都是个人私行,牵涉社会公共事务,尤其最怕的是"小人贪利,事本非常,所可恨者,银两中饱私囊"。所谓"人之惑,惑于私,除私则明"。去除私心,不自饱私囊,就是一个清廉者。

**第三,不接受贿赂**

在古代社会,仅有当官的人有机会接受贿赂;现代社会则连升斗小民都有机会接受贿赂。像某地选举时,神圣的一票竟有竞选人出钱助选。人家会贿赂我们,必定有所求、有所贪,我接受了贿赂,让公家受了损失,让法律受到挑战,这是划不来的。因此,清廉者不接受贿赂。

**第四,不以乱官风**

做官要有做官的风格,领导人要有领导人的风格,大人物就要有大人物的风格。《论语》说:"君子之德,风,小人之德,草;草上之风,必偃。"如果在上位者乱失了风格,不能以德化民,以廉服众,国家社会、团体机关形象就会受到损害,其损失将难以估算,可说是最失德的事。因此,为官者,理应重"清廉"甚于生命。

佛教戒"杀盗淫妄酒",什么是"不盗"? 佛经说:"清廉节用,就是不盗。"我们应净化自己,培养正直的人格,建立清正廉洁的形象。

# 俭之真义

节俭，一向是中国人崇尚的美德，小至个人，大至一国，如《曾文正公家训》云："居家之道，惟崇俭可以长久，处乱世尤以戒奢侈为要义。"节俭与我们息息相关，关于"俭的真义"，有四点意见提供：

**第一，俭是穷人的财富**

所谓"穿不穷，吃不穷，算盘不到一世穷"。人已穷，又不知节俭，更是穷上加穷。反之，经济上虽不富裕，但知道预算，知道节省，也会因节俭而致富。有一位员外的儿子生性奢华，每次到饭馆吃水饺，都只吃肉馅，而把饺子皮吐掉。后来家里遭祝融之灾，一夕之间，家产化为乌有，沦为乞丐。有一回，讨饭到这家饭馆时，老板用饺子皮招待他，员外的儿子甚为感动，老板却说："没什么，我只是把你当初扔掉的饺子皮，拣起来洗净晒干而已。"他听了十分惭愧，于是发奋图强，谨身节用，家道又因此殷富起来。

**第二，俭是富人的智慧**

西汉开国丞相萧何，受封食邑一万余户，权倾朝野，却仍居茅屋陋室，他以为，我子孙若贤良，可传我俭朴家风，倘若子孙不贤，房子再华丽,也终将被权贵倾夺;宋朝鲁宗道虽位居参知政事,然因家贫,家无日用器皿肴果来宴客,因而更受宋仁宗的器重。因此,人虽富有,若不知节俭,富贵也会随着潮水流走;若知节俭,节俭就是你的智慧,让你富贵,让你平安。

**第三,俭是治国的功臣**

《左传》云:"民生在勤,勤则不匮。"力戒奢侈,生活俭朴不但是治家之本,也是机关团体永久经营,国家社会富强安乐的重要条件。今天的社会上某些人崇尚物欲,奢华过度,不懂得珍惜福报。殊不知福报是有定量的,就像财产有数量,你把福报、把金钱用完了,以后怎么办呢?因此,生活上克勤克俭,严谨奢靡,则家和国亦兴。

**第四,俭是品格的根本**

身为官员,懂得节俭,就不会贪污受贿;一个家庭,懂得节俭,就不至于奢侈浪费。春秋时鲁国大夫御孙曾说:"俭,德之共也;侈,恶之大也。"司马光更以此教诫子孙:"夫俭则寡欲,君子寡欲,则不役于物,可以直道而行。"无论任何人,若能以俭自许,品德自能高尚。

"戒奢以俭"是重要的观念与品德,不但是养生、致富的秘方,更是治家、富国必备的方针,所以,"俭的真义",不可不知。

# 俭的功用

一般人都说要"节俭",金钱要节俭,才能致富;时间要节俭,才能用很少的时间,做很多的事情;甚至感情也要节俭,不随便滥用感情,才会弥觉珍贵。因此,节俭金钱、节俭感情、节俭时间,都是很重要的。"俭"还有许多功用,简述如下:

第一,俭于听,可以养正

所谓"人言未必真,听言听三分";有时候,我们要懂得分辨,应该听的,要谛听、善听、兼听、全听;不当听的,要俭于言。例如不听是非,不听谗言,不听坏话。好比古人所言"耳聪者,听于未有声之时",禅师说的听"只手之声",你能听出真理来、听出真心来,诚正于心,那么,再也没有什么会混淆你的内心了。

第二,俭于视,可以养神

眼睛看时,当看者要注意看。例如道路指示标志,你留心看,就不必到处问人;他人说话,你专心注目,就是一种礼貌。有的时候不当看的,不但少看,更要不看,俭于阅视,省力养神,就可以避免看出麻烦来。会看的人,看好不看坏,看正不看邪,看是不看非,看出真善美,看出慈悲心,看出关怀情。所谓"明者视于无形",能看出形外,看出真相,那就是真看了。

**第三,俭于言,可以养气**

说话是一门学问,应该说的,即使对自己不利,对社会国家大众有利益者,还是应该勇于直言。反之,不当的言论,就不能随便发言。所谓"病从口入,祸从口出",说错了,可能赔了夫人又折兵,难以弥补,或又惹上官司,那真是得不偿失了。因此,话多不如话少,话少不如话好,俭于言,正好可以养气。

**第四,俭于思,可以养真**

顺治皇帝曾言:"悲欢离合多劳虑,何日清闲谁得知?"人的忧悲苦恼,大都起于太多的思虑分别拣择,不肯轻松放下。如果,想拥有内心的清闲自在,就要俭于思。你不随便妄想,简化思虑,单纯以对,就可以养自己一片真诚直心。

日日俭约,可以积谷;年年防俭,必有储粮。俭如聚宝盆,俭如净化器,这四点俭的功用,可以作为我们人生的参考。

# 挺胸的意味

从小,在家庭里,父母会教我们走路要抬头挺胸,不可弯腰驼背;在学校里,老师会要求我们挺起胸膛,大步向前;长大以后,在军队里面,首长更是要求士兵要昂首挺胸。

"挺胸"意味着精神饱满,情绪振奋。例如我们形容参加军歌比赛的士兵个个昂首挺胸,引吭高歌。航空公司的空姐、空哥个个昂首挺胸,表现出他们为人服务的风仪与气质。

在佛教里,也非常注重挺胸的意义,所谓行、立、坐、卧四威仪,"行如风、立如松、坐如钟、卧如弓"。立如松就是意味昂首向前,直背挺胸,不但表达自己的精神,也表示对人的礼貌。

但是,"挺胸的意味"在全世界各个国家地区的意义,又有不同的表现方式:

**第一,美国人的挺胸是健康**

我们看到美国人走在街上,或在沙滩上晒太阳,乃至在机场赶飞机,他们都是身体笔直,挺胸健步。从他们挺胸走路的步伐,可以看得出来美国人很重视健康。

**第二,英国人的挺胸是矜持**

英国的绅士、淑女,不苟言笑,注重风度仪表,他们以挺胸矜持来表示身份和地位,所以英国人的挺胸是矜持。

**第三,德国人的挺胸是自信**

德国的科技非常发达进步,德国人走在街上,从眉宇之间,从挺胸的姿态,可以看得出来德国人很有自信,很能自我肯定。

**第四,中国人的挺胸是风骨**

中国的读书人,即使是年老的夫子,不论他是自处,还是在学生的面前走路,或是入朝为官,向皇帝奏明国家大事,他都是挺起胸膛,昂昂乎!巍巍乎!这是他以挺胸表示他是有风骨的人,是有品德有骨气的人。

即使是文人士子,有时候生病,他在你前面走路,仍然要挺起胸膛,为什么?因为他不愿意把病夫的样子、慵懒的样子给你看到,这亦是显示他的风骨和人格。

挺胸的意义,因为民族性的不同,在各个国家都有不同的表现意味。以上有四种挺胸的含义,不知,你是哪一种挺胸呢!

## 卷二 | 处众

观察别人的言行,
可以从中观照、了解自己,
作为自己修养的借镜。

# 决策指南

社团之中,最高领导人也被称为决策者;家庭里,一家之长也是一个决策者。

企业、团体,都会有一位决策者,什么样的人才可以担任决策者呢?提供四点参考:

**第一,要客观诸缘**

做一个决策者要有因缘的观念。有了因缘观,所谓"横遍十方,竖穷三际",对前后因果,左右关系,有了全方位的了解,就能客观判断、面面俱到。倘若疏忽一面,事情就会处理得不够圆满。尤其决策者不能主观行事,因为过度主观,容易丧失看待事情的广度,失去正确的判断。

**第二,要理性分析**

一个失去理性分析能力的领导人,往往无法作出正确的决策,因为处于非理性状态下,混乱充塞身心,如何能将事情透彻厘清?唯有时常保持理性的头脑、心智,才能看清事情的真相,并进一步分析事情的利弊得失,把各种关系、环节作有系统的衡量,取其要者,取其利者,而后作出决策,如此才有助于事情的进行与发展。

**第三，要不落情绪**

决策者最忌情绪化，如顽强、固执、自大，不管别人欢喜与否，只凭自己的情绪来作决策。古时有个男宠弥子瑕受到国王极大的宠爱，当时有个规矩，任何人坐国王的座车，都会受到惩处。有一回，弥子瑕乘坐国王的车子回家探望生病的母亲，传入国王的耳中，国王赞叹说："这是他孝顺的表现。"后来弥子瑕失去宠爱，国王当着大臣骂道："弥子瑕太可恶，竟然偷偷乘坐我的车子，真是罪大恶极。"如此一褒一贬，无一定准则，只是个人的感情用事，往往会失去客观而作出错误的决策，故要时时谨慎，自我提醒，不要落入情绪的迷雾之中。

**第四，要主动积极**

做一个决策者，不能犹豫因循，不能迷糊了事，凡事应主动、积极。尤其作决策时，假如没有魄力、没有勇敢、没有担当，众人也会无所适从，难以奉行。因此，培养主动积极作出决策的能力，是一位决策者必须学习的。

无论企业、学校乃至家庭，决策者的一言一行、一举一动，关乎大众的福祉，关乎团体的运行，不可不慎。

# 无为之德

在佛法里有所谓"世间法"与"出世间法",世间法又叫有为法,出世间法就叫无为法。甚至于道家的修炼,也讲究"清净无为"。"无为"有时候对于我们的人格修养是很重要的。所谓"无为之德",无为的德行到底是什么?有四点说明:

**第一,优秀的人不逞强**

一个优秀的人才,在群众里面不会争强好胜,不会一再表现自己;他懂得韬光养晦,懂得养深积厚,更懂得留给别人空间,所以平时行事低调,甚至让人觉得他非常保守、非常谦让,这是真正有内涵的人,也才是真正优秀的人。

**第二,善战的人不受诱**

一个勇敢善战的将军,他有攻有守,不容易受敌人计诱;反之,好逞匹夫之勇的人容易上当,容易受敌人引诱,因为他总是好大喜功,冒险前进,因而被包围,被引入陷阱。

**第三,常胜的人不自夸**

一个经常在竞赛场中获胜的人,例如现在体坛上许多奥运会的冠、亚军,或是经常参加各种比赛的优胜者;他愈是得胜,愈是谦让,他不会炫耀自己,不会自夸,甚至败在他手下的人,他都会谦虚地和对方握手,向对方表示友好,所以,常胜的人不自夸。

**第四,能巧的人不相较**

懂得灵巧的人,他和人相处,不会锋芒毕露,不会争着出头;他凡事看在眼里,何时该进,何时应退,都能了然于心,因此不会针锋相对地和你比较、计较。反之,不懂灵巧的人,时时想要争先,处处想要当头,但因自己不够灵巧,因此经常和人争功诿过,如此反而更加显露自己的愚昧与笨拙。

无为之德,有时候看起来像是不着力、不介意,但是这种"无所为而为"的处世艺术,有时候却很管用!

# 天地之德

《礼记》云:"天地之道,博也,厚也,高也,明也,悠也,久也。"宇宙天地,自有其规则,天有天道,地有地道,人有人道。人类生存于天地之间,要感谢天地赐予的一切,更应该尽力维护这个大环境,以回馈天地之德。

**第一,感恩天地,覆我载我**

战国时魏武侯乘船游黄河,赞叹:"江山很美,有险峻屏障,魏国何等坚固。"同行的吴起说:"山河天险,固然能保佑国家,但是还需要国君的德行,如夏桀、商纣虽有巩固疆土,没有道德,只有亡国。"所以,天地覆我载我,我们更应该修养道德,为后代万世做更多的好事。

**第二,感恩天地,育我养我**

上苍有好生之德,大自然生长万物,供给人们日常所需。而空气、大地、植物、动物,彼此之间,皆是物物相连,息息相关,随地砍一棵树,都会影响整个生态环境。万物相互供应,此有故彼有,此生故彼生,彼此相互消长,怎能不尊重生命,感恩天地的养育之德呢?

**第三，感恩天地，容我爱我**

虚空含藏万物，无论是净、浊、美、丑，天地都不曾选择嫌弃。天地之间，就属人类耗用最多的资源，也破坏最多的自然景观。人类过多的贪婪自私，终于让大自然反扑，海啸、地震、飓风、洪水……种种天灾的警讯，都在提醒我们，不能再一味地予取予求，当记取并珍惜天地无私包容的大爱。

**第四，感恩天地，生我长我**

庄子云："夫大块载我以形，劳我以生，佚我以老，息我以死。"我们生于天地之间，最后也回归于天地，应知生活上的所有，都是天地所赐。所谓"一粥一饭，当思来处不易；一丝一缕，恒念物力维艰"，一饮一食，一物一用，都应惜福感恩。

人类、万物，生于天地，长于天地，用于天地。大地是生命之母，虚空是有情之父，所有生命都有赖于天地之德，才得以生存与生活。

# 上下之选

语云:"上隐隐于市,中隐隐于朝,下隐隐于林。"真正的修行,是能于热闹场中做道场的人。在一般情况下,上等人能为天下百姓服务,中等人愿为知己奉献,下等人只知为一己钻营。所以如果把人分成等级,上下之选的标准有四点:

**第一,上上者,为人民之仆**

上等人,他可以做人民的公仆,无论自己的身份地位有多高,都是本着为民服务的心,诚恳、踏实地在做,而不会以权势来压人,这种人最符合人民的要求。尤其现在是民主社会,讲究以民为贵、以民为主,能够尊重全体人民大众,必定是一个上等的贤明之人。

**第二,上中者,为国家之仆**

这种人也是属于上等人,他忠于国家,凡有所做,都能以国家的安全利益为重。他日夜为国家牺牲奉献,为社会人民服务,能有这样的用心,是为国家之仆,属于上中者。

**第三,下中者,为名位之仆**

这是下等人,他的人生只有自己,每天只为自己的名、自己的利、自己的地位而忙,这种人甘为名位之仆,是属于下中者。

**第四，下下者，为私利之仆**

这是最下下等的人，他的心中所思所想，完全只有个人的利益，根本没有国家社会，也没有人民大众。这种私利之仆，最为人所唾弃，是属于下下等的人。

一个人的身份高贵与否？不在于地位高低、权势大小，而是看他的言行、德性能否服人。今天的社会，对于居高位的人，我们不一定看他的官位很高，主要是看他的思想、言行，如果能尊敬人民，那是上等人；能热爱国家，是上中者；汲汲于自己名位的，是下等人；如果只为自己的私利而计较、权谋，那就是下下等了。所以我们每一个人，尤其是公务员，或是担任公职的领导等，大众应该自我衡量一下，以上四等人，你是属于哪一等呢？

# 居下之学

一般人都喜欢位高势大,可以受到他人的礼遇和尊重。其实树大招风,名大招忌,不如学习古德居下之学,获益更多。清朝的曾国藩,以位高权重,门生故吏遍天下,却在平定太平军后,自裁湘军,远离权势。他曾说:"君子有高世独立之志,而不让人轻易看出来;有退避三军的气概,却不轻易显示出来。"这些都能显示他的居下之心。居下之学有哪些呢?

**第一,不自我表扬,反能显明**

有些人欢喜自我宣传自己如何有学问、如何有能力、如何有人缘。其实自己的学问道德能力,不一定要自我表扬,只要你一开口,人家就知道你有没有。你不自我表扬,别人反而会注意到你。因此,不如学习古德"君子虽有盛德,容貌看似愚夫"。反而更能彰显出谦虚的美德。

**第二,不自以为是,易受肯定**

禅宗六祖惠能大师自称不识字,其实是他的谦虚德性,类似现在人谦称自己是"胸无点墨之人"的说法。这也是勉励有智慧的人,要"大智若愚"。因此,一个人不要自以为所见、所为,都是对的。自以为是，只会让你失去很多的助缘。如果能不自满、不自是，不自我宣传，他人反而更能肯定你，更能显出你为人随众随缘。

**第三，不自我夸耀，却能见功**

一个人在团体里，如果经常夸耀自己的功劳，不断炫耀自己的贡献，过分标榜个人，不但不能获得领导的欣赏，有时还会因故而不能升迁，这都是不懂得"功成不居"。所以有些人仕途坎坷、前途艰难，也就不难理解了。《道德经》说："生而不有，为而不恃，功成而不居。"佛教也认为一切都是因缘所生法，若有成就，个人也只是众缘之一。所以，不自夸，别人反而容易看到你的功劳。

**第四，不自我坚持，而能长久**

一个人不要太自我坚持、自我标榜。而是要多尊重别人的意见，多从善如流，那么你的人格必为人所尊，事业必能获得别人长久地支持。

不耻下问，所以学问有成；放下身段，所以心更柔软；礼贤下士，仁人义士才会集聚而来；虚心下气，德风自会远播。居下之学，大有内涵！

# 轻重的顺位

事有轻重缓急，人有先来后到，一切都有顺位，有顺位才能按部就班。就如人生的生涯规划，也要按照轻重顺序，设定短程、中程、长程计划，才能逐步实现。乃至人生的目标，懂得权衡轻重，知所抉择，才能创造生命的价值。兹有四点意见提供参考：

**第一，积财不如积学**

《汉书》有云："遗子黄金满籝，不如一经。"无独有偶，根据调查，西方国家多数的慈善家认为，辛勤工作和创业经历，才是每个人的宝贵财富。留给子孙太多的遗产，只有助长他们不思进取；因为千金总有散尽的时候，只有学问知识是恒长、真实的财富，所以说"积财不如积学"。

**第二，求名难比求道**

功成名就，自古以来即为人们所追求。然而，你求名，可能反被名的枷锁所困住；你追利，可能反被利的诱惑所束缚。所谓"孔雀虽有色严身，不如鸿鹄能高飞；世人虽有富贵力，不如学道功德深"。丹霞禅师因为一句"选官不如选佛"，放弃进京赶考，成就永恒的道业；庞蕴居士一家人的洒脱放下，更是令人欣羡。比起求道人的安然怡悦,名利富贵犹如枷锁,总不如有道者能洒脱自在。

**第三,爱己更要爱人**

谚云:"人不为己,天诛地灭。"可见得人都是爱自己甚于爱他人,而且愈是与自己关系密切的人,爱得愈多。例如爱自己的亲人甚于爱朋友,爱自己的同事甚于爱不相识的人,爱自己的国人甚于爱外族。所以,愈靠近自己的人,愈有爱执。我们要增加修养,必须放宽胸怀,要爱世人犹如自己,则世界物我一如、自他一体,人生自当更臻于圆满。

**第四,护位更应护众**

在一个团体里,每个人各安其位,才能发挥角色功能,但在保固其位的同时,更要周顾大众。像在棒球场上,有时投手得补垒手位置,才能接球封杀;在篮球场上,身为中锋要能攻能守,才能成为队中枢纽。再看历史上,王莽篡位,人心思汉,因为失去大众的拥护,最后王位不保;孙中山为了民主,虽把总统的宝座让给袁世凯,却反而获得全国人民的爱戴。所以,不管身为领袖,或是为人主管,都需要大众的护持,才能保全其位。

总说以上四点,钱财、名位固然值得追求,但是学问、道德更加重要。尤其一个人的心中要有大众,生命的境界才会更宽阔,所以"轻重的顺位"值得我们参考。

# 调适有度

做任何事情,过犹不及都不好,唯有适度才能为生活带来平静,好比偶尔下雨可以滋润大地,雨水太多则泛滥成灾。生活要"调适有度",六点意见提供参考:

**第一,饮食不逾量需适当**

饮食适量能提供人体所需的营养、补充消耗的能量,但是饮食逾量对身体却是一种负担,可能导致肥胖症及心血管疾病的发生,影响生活作息及工作态度。《管子》曰:"饮食节,则身利而寿命益;饮食不节,则形累而寿命损。"饮食要知节量,才能常保身体轻安、愉悦。

**第二,欲念不放纵要节约**

人类为了生存,会有求知、求新、求好、求美的欲念,没有欲念等同活死人,终日无所事事、糊里糊涂。但欲念不能放纵,举凡年轻人逞一时之快,飙车追逐,与生命安全开玩笑;有人为了贪图便宜,不择手段,终致名誉扫地。因此,欲念要发乎于内心的善良,不能伤害人。

**第三,脾气不乱发应平和**

有的人遇到不欢喜的事,不是埋怨责怪,就是大发雷霆,其实发脾气不但于事无补,更可能坏了好事。好发脾气,人家不愿意接近你,你便失去人缘;发了脾气,惹得自己心绪不稳,问题则无从客观解决,所以脾气要慢半拍,尤其不能乱发脾气。

**第四,操劳不过度会健康**

一个人即使工作再忙,也要作适度的身心调节。有的人做事埋头苦干,连吃饭时间也不放过,日子久了,身体便因无法负担而百病丛生。其实,事情有轻重缓急,只要规划得宜,则能悠游于工作中,效率不减反增,但健康一旦失去,想好好做事,则心有余而力不足,得不偿失!

**第五,紧张不畏惧用定力**

每个人都有过紧张的经验,比方第一次上台面对大众、第一次尝试新工作、代表学校参加各项比赛等,紧张是难免的,但是有的人却因为过度紧张而造成恐惧,心慌意乱,忙乱了手脚,使得目标无法达成。为了克服紧张恐惧,唯有运用定力才能稳住情绪,心情落差减少,则临事不乱。

**第六,思虑不散乱能善思**

军队没有纪律,则国家安全堪虞;团体没有纲纪,则失去团队精神;人如果思绪纷飞,做事则纰漏百出。佛陀说:"制心一处,无事不办",养成思虑不散乱的习惯,思考要缜密,做事自然条理分明,事情的结果也就越臻圆满。

# 如何高广明大

大凡人总会想到,自己的生命如何提高一点?如何扩大一点?如何拥有多一点?其实要高、要大、要有,是必须要有条件的。如何高广明大?提供以下四点意见:

**第一,上天称其高,无有不覆**

天很高,没有东西比天更高、更大的了。举目世间,哪一样东西不覆在它之下?天所以能无有不覆,就是在其高、在能大,给予万物庇荫。而我们人也要高吗?也要大吗?我们可以用什么样的恩惠来覆荫大众?能用什么样的德泽来利益大众?你能给人欢喜、给人希望、给人因缘,才能像天一样护覆众生。

**第二,大地称其广,无有不载**

古人形容山是"及其广大,草木生之,禽兽居之,宝藏兴焉"。扩而大之,大地也是一样。你看,这大地普载万物,生长万物,给予人多少的生机。假如大地没有生长万物,我们吃什么?大地不普载我们,我们立足何处?所以,我们要想广大,能普载众生吗?我们可以想一想,生产什么来成就众生,用什么力量来承载众生。

**第三,日月称其明,无有不照**

有云:"日月称其明,无有不照。"天上的太阳、月亮,它的光明照耀万方,只要不起乌云遮蔽,日月无私,它不会照你、照我,而不照他。佛教里也常常讲"佛光普照三千界",只要你合乎条件,不起无明、邪知邪见,内心就会豁然清净,远离忧悲苦恼。

**第四,江海称其大,无有不容**

江河长远,大海无边,是大鱼,能畅游,是小虾,也能生存,在这里面,它什么都能容。所以,你若能包容一切众生,你的心,也能像大海一样广大无边。所谓"心如大海无边际",如同江海一样,蕴藏无限能量,二六时中,随喜说好话,随手能服务,随处结善缘,随时存好心,人间就会很美好。

许多人欢喜出钱做好事,比出钱高一点的是出力,比出力再高一点是出好话、出好口、出好心;也有许多人一生汲汲营求,希望金银财宝再多一点,达官厚禄再高一点;可是,有形有限的物质,总有吃光用空的时候,高官富贾做得再得意、再发达,也总有去职退隐的时候,不如一句佛法来得受用无穷。人生如何高广明大起来?有以上四点。

# 化繁为简

聪明的人做事,将事情单纯化,所以增加效能;愚笨的人做事,却把事情复杂化,只有事倍功半。繁也不是不好,有时为了表示慎重,有时是表示繁荣茂盛,但繁也有它的缺失,尤其在21世纪的时代,最好"化繁为简",以下有四点意见提供:

**第一,礼繁难行**

过去的时代,臣子对君主要三跪九叩,对权贵者俯首跪拜,结婚有"六礼",往来有"五礼",实在让人感觉繁文缛节太多,使人不自在,不但不容易做到,甚至会反感,最后只有窒碍难行。所谓"欠礼为过、中礼为乐、多礼为奢",礼节自然、大方、得体,受礼者受之无愧,行礼者行之无卑,适当的礼仪最好。

**第二,法繁易犯**

法律太复杂,多如牛毛,让人无所适从,甚至记不得,反而容易犯戒。好比国家制定太过庞杂的法令,束缚得大家不能动弹,干脆就不遵守。尤其太多法规相互牵制,造成行政效率降低,不但没有保护守法的百姓,还让有心人士钻法律漏洞,所谓"上有政策,下有对策",总想侥幸逃避。法是准则,它要因应时代,与时俱进,才能让人在日常生活中,自然守法,应用自如。

**第三,言繁多失**

一个真正能言之人,必定掌握慎言、寡言、时而后言的要则,懂得见机而说、言简意赅。所谓"多门之室生风,多言之人生祸",不必说而多说,易传为是非,该说而未说,易产生误会。因此要言之有物,以免徒逞口舌,浪费自己和别人的时间,不仅招怨,也容易生出事端来。

**第四,事繁人躁**

现代人常常抱怨时间不够用,一旦事情多,人就容易心急气躁。说话,几个人一起讲,不晓得听谁的;事情,几件事一起来,不晓得先从哪里处理。因此,无论做什么,都要简单一些,不要繁复、不要重叠,一样一样来,才能有条不紊地将情绪管理好,将事情处理好,才能悠游工作中,增加效率。

人生短暂,工作的时间有限,精神、体力、智慧更有限,如何在我们的事业、生活里面化繁为简,这是每一个人都必须要学习的。

# 宁可与不可

我们每一个人总要有一个轻重权衡。比如圣人有"宁可守道贫贱而死,不可无道富贵而生"的志节,道人有"宁可受人欺骗,不可自欺欺人"的修养,而在日常一般生活中,也有"宁可吃亏,不可结怨"的处世哲学,这些都是我们进德修业的指南。人生中的价值权衡,还有哪些"宁可"与"不可"呢?有以下四点:

**第一,宁可以无钱财,不可以无慈悲**

有一句话说:"钱有限,心无穷。"没有钱,我可以少用一点,没有心、没有慈悲,就没有了宝藏,没有了发心,没有了道德。慈悲,能化干戈为玉帛,消怨怼于无形;慈悲,能结善缘转逆境,化暴戾趋祥和。它是个人立身处世的根本,是家庭幸福美满的动力,是社会安和乐利的基石。所以说,宁可以无钱财,也不可以失去慈悲心。

**第二,宁可以无宗亲,不可以无职业**

人生在世,有宗亲贵族的提携当然最好,但是没有亲朋好友,也不要紧。所谓"靠山会倒,靠人会老,只有靠自己最好"。你有一份正当的职业,不游手好闲,自己有实力、有正业,就不怕没有贵人相助,这才是最重要的。

**第三,宁可以无力量,不可以无健康**

人不只是活着,而且要活得健康。有的人手无缚鸡之力,做事、说话都没有力量。没有力量倒还不严重,身体不能不健康。梦窗国师说得好:"无病第一利。"你要照顾身体健康,倘若自己不照顾好,不只是个人麻烦,你的亲朋好友都会跟着受罪。因此说,人生最大的福报,莫如无病健康。

**第四,宁可以无朋友,不可以无希望**

朋友很重要,但是在某些时候,宁可以没有朋友,也不可以没有希望。因为一个人在世,没有朋友,还可以再结交,最可怜的就是没有希望。所谓"哀莫大于心死",对前途没有希望,对世间没有希望,这是最大的悲哀。因此,自己要有信心、希望,希望可以去除恐惧,去除无知,人生就有未来,就有光明。

佛教讲"宁可持戒不圆满,不可破见失道心",因为破戒是个人行为的过失;破见则是根本思想的偏邪。又说"宁可起有见如妙高山,也不可起空见如芥子许",你有见,有这个、有那个还好,如果执着无、执着空,生起断灭空见,那是很危险的。因此,"宁可"与"不可"之间,必须要有正见。

# 大小难易

日常小事能尽责,可以养深积厚;重要大事肯尽力,容易功成名就。不畏惧艰难困苦,勇于承担的人,成长进步快,良机也会自动找上门。事情有轻重缓急、大小难易,在此提供四点意见:

**第一,事大,要有宏观的看法**

事情大,影响也大,所以不能只贪图眼前的利益,要看未来的愿景,例如为了提升国家地位,必须有国际宏观,如何进行?首先要重视教育,培养各种人才,并发展经济,提升国民生活和文化的水平,国家才会有稳健长远的发展,也才能立足世界。

**第二,事小,要有谨慎的态度**

生活小事,常是家庭口角的主因,日久月深,恐酿成家庭悲剧;公司小事,通常是例行公事,积弊良久,恐怕纲纪难振。俗语说"小错成大过",也许漏接一通电话,使公司做不成一笔大生意,而损失惨重。事情不在大与小的分别,而在态度的严谨与否;即使是小事,也要谨慎行事。

**第三,事难,要有勇敢的精神**

俗云"天下无难事,只怕有心人",又说"有志者事竟成",事情不怕艰难,就怕半途而废。过去孟母断机杼,战国的乐羊妻子断丝线,是为了激励孟子、乐羊学习要有恒心。再困难的事情,只要勇敢面对,不怕艰辛,有愚公移山之志,有囊萤照书之勤,还怕没有成功的一天吗?

**第四,事易,要有珍惜的心情**

事情容易完成,必定是有好因好缘,比如房产商卖房子,必须先有良好的土地,优秀的工程师,诚实的营造商,卖力的工头,高雅的装潢等种种因缘的配合,才能有让顾客满意的房子,才能让交易顺利圆满。可见凡事不论难易,都是许多人的努力,所以要心存感恩,珍惜因缘。

只为自己着想者不会大,能替别人着想者不会小。无能的人,光在小事上计较,不在做事上认真,容易事也难成;能干的人,对事情全力以赴,不在情绪上计较,难题也会轻易化解。

# 大的真义

举世之人大概都喜欢"大",大文豪,经典传世;大丈夫,气概冲天;大英雄武功盖世;大学者,博学多才;做人想做"大人物",平头大脸;做事想做"大事业",鸿图大展,乃至很多人希望自己是个大智慧者、大慈悲者、大能力者、大功德者。可是,什么才算是真正的"大"呢?以下提供四个"大的真义":

**第一,大智若愚**

拥有大智慧的人,深藏不露,表面上看起来平庸,其实他不露锋芒,故不会遭人忌妒。一旦面临判断或抉择,敏锐行事、精准无比、面面俱到。高贵者,他重视道德人格,不需等待别人加诸头衔,才算尊贵;真仁者,他不需刻意标榜自己,只要务实求全,他人自然尊重。真正大智慧者,又岂需矫情表现?

**第二,大器晚成**

种一年的树木,砍下来只能当柴烧;三年的树木,只能砍来做板凳;十年以上的树木才能做栋梁。强摘的果实,青涩酸苦,不能入口;赶工的活儿,未经琢磨,粗糙不美;腌渍的食物,需假以时日浸泡,才有可口的风味;丰厚的学识,也要靠时间与经历的酝酿始得养成。所谓:"大器晚成,大方无隅";因此,在能力尚未具足之前,要懂得韬光养晦。

**第三,大富若贫**

真正富有的人,虽富贵而不骄纵,虽自信而不狂妄。他们平和严谨、崇勤尚俭、朴素清贫淡泊的生活态度,让他们更坚定意志创造事业,这些善性循环,像滚雪球般,富者愈富,尊者更贵。所以,"富而能俭,其富必久,富而不俭,其富难常"。这是大富若贫的智慧。

**第四,大事小声**

一位有才干的军师,"运筹于帷幄之中,决胜于千里之外",他宁静心志,幕后谋略,不必亲自到前线摇旗呐喊,才能赢得胜利。会做事的人,大处着眼,小处着手,他注重冷静分析、精确判断、勤快实践,不必大声喧嚷。过度宣传,大肆喧嚷,往往成事不足,败事有余,落得雷声大雨点小的后果。所以炮声隆隆的大响,吓坏了新兵,而老将无惧,声嘶怒吼,能逞威于部下,实在无恐于他人。

老子说,大器晚成,大音希声,大象无形。佛教也说:大慈同体,大悲平等;千万不可"大惑者终身不解,大愚者终身不灵",这就不好了。这四点"大的真义",让大家参考。

# "大"之极

佛教对发菩提心度众生的菩萨行者称为"大人";袁世凯自称为"大总统",事业成功的人被称为"大老板";小学生在作文簿上写下将来要成为"大人物"。每一个人都希望自己能"伟大",但是,什么才真正称为"大"呢?有四点看法:

**第一,大勇不斗**

有些年轻人,动不动就持武器械斗解决问题。孔子云:"血气方刚,戒之在斗。"真正的勇者,不是逞匹夫之勇,一味蛮干到底,而是面临困境时能够冷静思考、谋划周全,将勇气化为智慧的力量。如空城计中,诸葛亮靠智慧谋略,不损一兵一卒智退司马懿十五万大军。因此做人处世要能养成和平、不好跟人争强斗胜、不计较私己得失的性格,才能成为真正的大勇之人。

**第二,大兵不寇**

纪律严明,骁勇善战是军人必备的武德。宋朝岳家军,士兵宁可忍饥不敢扰民,托宿街市商店,黎明即起,为百姓打扫门宇、洗涤炊具,留下"冻死不拆屋,饿死不掳掠"的美名;台湾1999年"9·21"大地震,军方投入大批人力物资救灾,获得民众好评。一支优秀的正规军队，不会像草寇一般扰民掠财，所谓"军爱民，民拥军"，如此全国的军民才能上下一心，国强民安。

**第三，大智不愚**

俗言："大气不拙，大智不愚。"大智若愚，固然是一种境界，但真正的智者，除了不生骄慢外，更不会恃才败德，做一些愚痴不正见的事情。有些人绝顶聪明，但没有透彻的深思，不能明白因果本末，又缺乏道德意识，很容易聪明反被聪明误，如同现今社会上许多"智能型"的犯案者，就是将聪明用错了地方，世智辩聪的结果，伤人害己，毁了一生光明的前景。

**第四，大仁不私**

一个有仁德之人，凡事不会只逞一己之私，一切能以国家、大众为重，只是想到如何护念众生。例如，周公一饭三吐哺，一心为国家广招贤能；林觉民为推翻腐败政权，不惜与钟爱的妻子诀别；英业达集团副总温世仁发起"千乡万才计划"，设立"网络城乡中心"，为培养人才，改善贫困而鞠躬尽瘁，他们都是大仁不私的典范。

《佛光菜根谭》云："一个人的心量有多大，就能成就多少事业。"佛陀胸怀法界，成为人天师范而被尊为"大雄"；海基会前董事长辜振甫，对产业和社会发展倾力付出，其无私的关怀与诚信的人格，为后世留下"大德"的典范。因此，一个人不能只重视个人私我，你不能扩大眼光、胸襟，自然无法成就磅礴大气了。

# 极之后

"极"是极端、极点,人尤其常常陷在极端的情绪里,好比愤怒至极、烦恼至极、悲伤至极……等等。《易经》里说:"剥极必复",意指恶劣的情况到达极点后,必定转好;而所谓"物极必反",极盛之后,也会是衰的开始。因此,无论苦乐盛衰,极之后是什么呢?我们对于"极"应该有什么样的看法呢?以下四点:

**第一,苦极必须忍耐**

人世间,我们会遇到物质上的不足,事业、学业上的辛劳,人事上的协调,金钱上的短缺,爱情上的辛酸,甚至生活上遭遇的各种境界,都令人感到好苦。苦到极点怎么办?有的人苦到想不通,选择逃课、逃跑、逃亡,甚至自杀了断。苦到极点时,逃避是都没有用的,这时候必须要忍耐。忍是力量,忍是知苦,忍能处理,忍能化解,苦极之后,你能安忍,就会有另外的转机。

**第二,忧极必须释怀**

有时候,我们会忧伤到极点,会挂念到极点,因为太过忧伤,一直惦记在心中,无法放下,吃不下饭,睡不着觉,这不仅于事无补,也是很划不来的。你忧伤,有用吗?你忧伤,就能解决?倘若忧伤能解决问题，倒也还好，若不能解决，就必须释怀，另外用智慧、用方法来面对，找出解决之道。

**第三，喜极不可失态**

遇到喜事，好比"股票涨价了""中奖了""得第一名了"，甚至运动场上，获金牌、获银牌，这固然是很令人欢喜，但是不能太过狂欢。有人过于兴奋、情绪无力负担而晕倒，也有人喜极而言行失控。所谓："德不足，力有余，过盛必衰。"太喜而沉不住气，让人觉得轻浮，太喜而言行失态，也会给人看不起。因此，喜极不可失态。

**第四，乐极不可生悲**

人生祸福无常，凡事都要适可而止，以免欢乐过度，招致悲惨的后果。有人主张人生要"纵欲"，这种快乐是不实在的，纵欲的结果，跟随而来的就是身心交瘁、人格堕落，所以说"乐极"必"生悲"，这是不究竟的。

人生有苦有乐，太苦了，要提起内心的快乐；太乐了，也要明白苦的真相。过于热烘烘的快乐，乐极生悲；太过冷冰冰的痛苦，苦得无味，最好是过不苦不乐的中道生活。这四点"极之后"，是平衡人生的四个方法。

# 镜子

执法严明,判案公正者,我们称赞他"秦镜高悬";心地纯正,明察事理者,我们形容他"虚堂悬镜";以别人的行为来警戒自心,我们称之为"镜戒"。"镜"有映照、典范、警惕之义;在中国人的眼里,"镜"有一种清净、明朗、湛然、光可鉴人的含义。别人是我们的一面镜子,可以反映自己的优缺好坏。观察别人的言行,可以从中观照、了解自己,作为自己修养的借鉴:

**第一,整肃仪容以镜为鉴**

仪容整齐、端庄,是一种礼貌,让人有舒服的感受。要知道自己的仪容是否端庄美好,是整肃或紊乱,必须透过镜子的映照。在镜子面前,我们的形貌一览无遗,清晰可见。通过镜子整衣束装,能显现自己最好的一面。

**第二,鉴赏山河以水为镜**

水是山的镜子,可以映照出山的容颜,山的壮丽。虽说山河大地美如诗画,不过,光有山没有水仍嫌不足,水中倒影映出的山岩、绿树、云朵,更具缥缈幽远的意境。所以以水为镜,可以鉴赏山河的瑰丽与壮阔。

**第三,端庄民心以德为镜**

世间人形形色色,每个人都各自有着不同的想法、个性、观念,究竟是好是坏、是优是劣,有时无法从表面看出,必须透过道德的镜子来彰显。行为合乎道德的人,便拥有美丽庄严的心。所谓"种树者培其根,种德者养其心"。要鉴别一个人是否品德端庄,有时不完全从外表、衣着、行动去评判,应该以道德的镜子为标准。

**第四,陶铸圣贤以心为镜**

所谓圣贤,如何论定?可凭其心来映照,他有般若心吗?他有慈悲心吗?他有忠义心吗?他有仁德心吗?历史上,岳飞有忠义之心,故成为民族英雄;文天祥有"人生自古谁无死,留取丹心照汗青"的忠肝义胆,为世人缅怀千古;范仲淹心存"先天下之忧而忧,后天下之乐而乐"而留得一世英名。古来圣贤为世人留下值得学习、效法的典范,我们观其心,也要见贤思齐,以其心为镜,来陶铸自己向善向上之心。

"人目短于自见,故借镜以观形"。诚然,借镜可以作为了解、修正、改进、反省自己的依据,让身心桶底脱落,彻见本来,也应自许做一面镜子,光鉴照物,成为别人的模范。

# 外境的价值

我们一个人出生在这世间,生活周围一定有很多的人、很多的事、团体,都能影响我们。这些外境会有阻碍的,但也会有成熟心志的,条件的好坏并不重要,重点是我们如何运用,转化成为自身成长的力量。外境有何价值?以下四点提供参考:

**第一,时间会帮助我们的成长**

现代人事事讲究速成,不耐烦。所谓"日计不足,月计有余"。不经养深积厚、韬光养晦的功夫,人生想要有所成就,实在难矣哉。但是如果你做什么事,不是只做 3 天、5 天;做好人好事也不是 3 年、5 年,而是 10 年、20 年,有恒心地做下去,好比做了某一个会的会员 20 年、30 年;在某个团体当义工,服务了 20 年、30 年,能够有耐心、有毅力地做下去,时间会帮助我们成长。

**第二,历史会肯定我们的价值**

人的一生,就是一页历史。有人以慈悲智慧写历史,有人以自私愚昧写历史,有人以辛勤血汗写历史,有人以懈怠放逸写历史,我们要为自己留下什么样的历史呢?当我们发心立愿,这件事也参与,那件事也策划,我们的一切行为,都会留下轨迹,历史昭昭俱在，就会肯定我们的价值。

**第三，后学会提升我们的身份**

我们在一个团体、单位做得久了、做多了，自然会有很多人跟着学习。等到这些后学成长了，有所成就了，自然而然也会提升我们的身份。只要我们不轻后学，奉献己长，尽力教导，后学也会尊重我们。

**第四，大众会帮助我们的进步**

佛经有则譬喻，瞎子、跛子、哑巴，相互提携帮助，终于安全逃离火宅。这意思也可以说，我们生存在大众里，生存在这世间，一定需要士农工商、需要各种专长的大众来成就，这就是"同体共生"。我们对身旁的人有所贡献，当然他们也会给予我们回报。我帮助你、你帮助我，大家相互帮助，贡献己力，就会促成彼此进步。尤其大众是非常可爱的，佛陀也说："我是众中的一个"，千万不要失去大众，让大众推动我们成长进步。

沙土田地能长出禾苗，肮脏淤泥也能生出清净的莲花，不论外境时间、环境好坏，只要正面思考、转化，它都给予我们价值，都能引领我们走上光明的大道。以上四点，值得我们深思！

# 鉴的功用

古人在龟壳上刻上一些好的文句,作为座右铭,叫作"龟鉴",引申为观照、警惕之意;鉴也是镜子的意思,如《庄子》说:"鉴明则尘垢不止",后来被作为照明影现之用。唐太宗的千古名言:"以铜为镜,可以正衣冠;以古为镜,可以知兴替;以人为镜,可以明得失。朕常保此三镜以防己过。"由此可以看到,"鉴"有许多功用,列举如下:

**第一,以镜为鉴,可正衣冠**

古人在大年初一时要"长幼悉正衣冠,以次拜贺";《论语》也说:"君子正其衣冠,尊其瞻视。"意思是无论身心,都要能恭敬谨慎;你以镜为鉴,就可以看到自己衣冠正不正,进而有所改进,使自己身心庄严端正。

**第二,以人为鉴,可观善恶**

世间很多的人,善人恶人、好人坏人、君子小人、长幼妇孺等,有谓:"君子不镜于水,而镜于人。"假如你能以这许多人为鉴,知道如何在善恶里有所取舍,懂得如何在好坏里明白事理,就可以知道自己的行止何去何从。

**第三，以史为鉴，可知兴亡**

"明鉴所以照形，往事所以知今。"历史是我们的龟鉴，你看朝代的兴替、历史的成败、事件的起落、人物的悲喜，所谓"鉴往知来"，我们可以用那许多的人、事、物，作为我们的教训，不再重蹈覆辙。

**第四，以时为鉴，可悟无常**

时间也是我们的一面镜子，我们看到时间的迁流、时间的变化，知道世间无常，没有一样可以久住长存。人有生、老、病、死，物有迁流变化，心有幻想颠倒，世界上每一个人、每一件事，都是在无常变化里流转不停。因此，如果我们从时间的迁流，看到无常，懂得无常，就知道要如何超脱无常的人生，超脱无常的时间，要体证悟道，求一个永恒的生命，悟一个本来面目，所谓不生不死，跳出无常的范围之外，这是我们修行人最重要的功行。

所以，鉴古洞今，可以少走冤枉路；以往鉴来，可以谨慎于未来。

# 行为之鉴

所谓"相由心生",人的内涵、思想、品格,往往表现在他的言语、相貌、行为当中,而一个人的吉凶祸福、是非善恶、得失荣宠,也是由他的行为可以看得出来。借由别人或自己的行为表现,作为借镜和警惕,时时观照,时时反省,时时调整,以此圆满人格、成熟自我。以下四点意见提供:

**第一,吉凶祸福是因果的关系**

命运不是定型,是可以改变、转化的。命运之中的吉凶祸福有其因果关系,并非上天来惩罚我们,或赏赐我们,而是由自己的行为所决定的,所谓"种如是因,得如是果",因此,自己的行为应当自己承担。《俱舍论》有云:"因缘合,诸法即生。"世间的一切都离不开因果法则,善恶好坏、吉凶祸福都是其来有自,如能明白因果,知道人生的究竟、本来,便能不怨天尤人,自在生活。

**第二,称讥毁誉是人为的关系**

世间一切称赞、讥讽、毁谤,都是别人加诸我们的。没有一定的标准,都是人为的,人为就有错失,所以对于称讥毁誉不必太过认真。白隐禅师被人冤枉,非但不辩解,反而默默负起孩子的抚养责任,不管他人讥笑打骂侮辱;梦窗国师对于将军恶骂鞭打不以为意,安然若素;弘一大师洗净铅华,不贪恋名利浮华;居里夫人视荣誉为玩具,真所谓"于毁于誉心无增减,闻善闻恶心无分别",在他们心中称讥毁誉就如同一股清风,过而不滞。

**第三,立身行事是自我的关系**

胡适曾说:"要怎么收获,先那么栽。"立身处事是自己可以决定,每个人都有自己的风格、形象,这些都是自己创造出来,没人能替代。你讲究仁义道德,你实践慈悲喜舍,就能树立一个好的形象;你凡事计较,你待人刻薄,便得不到别人的敬重。因此,我们要立志做自己的主人,为生命创造一个至真至善的境界。

**第四,是非曲直是天理的关系**

是非、善恶、好坏、顺逆是世间自然的道理,世法的本来,所谓"事有不可明者,理有不可知者",因为天理自有主张。然而虽处尘世,也应有超然的对待,对于是非曲直了然于心,却不为其所束缚,如同维摩居士"虽处居家,不着三界",在纷乱的现实生活中,认清自己的立场,不随波逐流。

生活之中所接触的人、事林林总总,如何保有一颗宁静的心,在于时时观照,深入思维,让每一份因缘都成为自己的增上善缘。这四点"行为之鉴"值得深思。

# 恶性之状

中国人有一个传统的美德,就是隐藏他人的过失,宣扬他人的善行。《中庸》说:"舜好问而好察迩言,隐恶而扬善。"可是,隐恶扬善的美德在现今的社会虽为主流,但是"隐善扬恶"的人依然存在,他们专门发扬不好的、丑陋的一面,这实在是一种恶性。在此提出五点,作为警惕:

**第一,谤真的、行伪的**

目前社会上有些人,他自己凡事好作假,狡诈虚伪,见不得别人的真诚与实在。凡是看到真诚实在的人、事、物,他就毁谤,因为这些真诚的人的品格非他所能理解;真实的事物与他的认知相距太远,他不喜欢,因此,谤之而后快。

**第二,谤正的、行邪的**

俗话说:"人善被人欺,马善被人骑",现在的社会将这句话发挥得更淋漓尽致。你正正派派地做人处事,就是会有人来欺侮;你愈是凡事不计较,就愈有人来占你便宜。反而那些横行霸道、为非作歹的人,大家无可奈何。因此有人感叹:好人难做,善门难开。

**第三，谤是的、行非的**

更可叹的现象是"是非不明"。凡是依照道理，遵循规矩去做的事，不是惹人讪笑，就是遭来批评。可是批评你的人呢？他钻法律漏洞，走后门，走快捷方式，却又偏偏能靠这种非法的手段得到利益；然后，再反过头来嘲笑你，数落你。

**第四，谤实的、行虚的**

士、农、工、商任一行业，实实在在埋头苦干者，在收益上不一定得到同等的回报。反倒夸张不实的、虚张声势的，或只注重外表包装的，能得到青睐，且财源滚滚。这种重虚轻实、谤实行虚的现象，会扭曲一个人的人格。

**第五，谤善的、行恶的**

有些人对于别人有善良的宗教信仰，嗤之以鼻，斥为迷信；视别人善良的品格为乡愿；讥别人善良的行为是迂腐。可是他自己却邪信、恶行，不但不能隐恶扬善，反而谤善行恶。

佛教教诫大家要"诸恶莫作，众善奉行"；千万不能"诸恶皆作，众善不为"。在此提出五点恶性之状，供大家自我反省与警惕，希望大家能远离恶性，寻回清净的自性。

# 远离

我们的心中，往往不经意就会生起贪欲、嗔恚、愚痴、嫉妒、邪恶等念头，当这些恶念生起时，如果不能克服、远离，就很容易被牵着鼻子走，做出错误的举动。恶念是我们最大的敌人，每个人都应该自我观照，与恶心战斗，远离恶法，才能活出顶天立地的生命，该怎么做呢？提供四点意见：

**第一，远离贪嗔邪见**

贪心像个无底洞，使内心永远不能满足，时时处在空乏的情况，不得自在；嗔恨好比毒火燃烧，使内心犹如疾风迅雷般的热浪翻滚，不得清凉。贪心和嗔心影响人的行为很大，因此要远离，更要心存善念，柔软温和，知足感恩，并扩大自己的心胸，常行慈悲喜舍，利益众生。

**第二，远离酒色财气**

殷商纣王耽溺酒色又残忍无道，为周武王所讨伐；春秋时代，虞王因贪图晋献公的美璧与宝马，被晋国所灭。《法苑珠林》云："财色与酒，名为三惑，臣耽丧家，君重亡国。"所以，对于饮酒与美色应该有所节制，对于不义之财也要能不取；君子爱财，取之有道，取所当取,得所当得,方能免祸保安康。

**第三,远离杀盗淫妄**

社会的混乱,起因于一些人的胡乱作为,在监狱里的罪犯,大都犯了杀人放火、偷拐掳掠、邪淫失伦、妄言欺骗,或者贩毒的罪行,总括而言,不外乎没有守好佛教提倡的五戒。如果人人能够多种善因缘,不杀生而行仁慈,不偷盗而多布施,不邪淫而尊重他人,不妄言而树立诚信,不贩毒而使人保持清醒,社会水平就能提升。

**第四,远离邪知愚行**

不正确的思想、见解,会影响一个人的行为,社会上有些人因为价值观念偏差,利欲熏心而为非作歹;有些人愚痴,不明就理,断章取义或捕风捉影,往往扭曲事实。因此,远离邪知邪见,有因果观念,以正当的想法,引导人生向上、向善的发展,才能走出成功的人生。

古哲言:"近朱者赤,近墨者黑。"又说:"蓬生麻中,不扶自直。"都说明一般人很容易受环境影响。我们要远离恶法,亲近善法,才能言行端正,受人尊重。

# 邪法

人生要有信仰；正信最好，正信能引导一个人心智渐趋清明。如果一个人只信公理，那也没有什么关系，至少他不会为非作歹。最可怕的是邪信，把不实的信念当成真实的，把错误的想法当成正确的。不正确的观念、想法，就是邪法：

**第一，不劳而获的取巧是邪法**

"一分耕耘，一分收获。"不管从事哪一行业，只要是正当的，靠自己的智慧、劳力、时间而换来的成果，都值得欢喜，流血流汗得来的报酬，是最值得庆幸的。但是，有些人不肯辛苦，不肯劳作，只想凭空而得，窃抢偷骗，这种不劳而获，就是邪法。

**第二，不当利益的拥有是邪法**

有些人虽不是公然偷拐诈骗，却也绞尽脑汁，用尽心机，例如做生意的人囤积居奇，贪官污吏敲诈勒索，毒贩私枭走私贩毒，军火贩子制造、贩卖杀人武器。这些人虽是劳心，却是把自己的利益建筑在别人的痛苦上，甚至造成民生动荡，社会不安，这些行事都是邪法。

**第三，不诚虚妄的传播是邪法**

我们有幸处在言论自由的社会，每个人都能畅所欲言。但是，如果造谣、说谎、挑拨离间,或是传播未得到证实的信息,让大众接收不实的信息,小则造成团体间的不和,大则引起族群的分裂,社会的不安。这种影响人心,影响社会的虚妄不诚的传播也是邪法。

**第四,不实惑众的表现是邪法**

有些人看准了现代人追求神异、崇拜先知的弱点,谎称自己是活佛,以种种方法来表示自己有神通,能通灵唤神驱鬼,能呼风唤雨,夸称自己料事如神,法力无边,借以骗取他人的信任、崇拜,甚至骗色敛财。其实,正信的宗教,有其相当严密的思想理论,即使有神迹、灵感,也不会轻易示现。因此,如果碰到的是一位动不动就为你显现奇迹的大师,就要特别留心他那些迷惑人心的邪法。

有些人他并非刻意要邪信、邪行,只因为未能运用智慧辨别是非,了解事情的真相,致使行邪事而不自知。以上提出四点"邪法",提醒大家注意。

# 大与小

"大"与"小"看似有分别,其实大不一定好,小也不一定不好。小故事里有大启示,小王子会做大国王;7岁项橐为孔子师,7岁妙慧童女能说大乘佛法,故虽小亦大矣!关于大与小,有以下四点:

**第一,勿以恶小而可为**

不要以为一句坏话说了不要紧,一个坏念头升起不必怕,一件坏的事情做了不担心,《涅槃经》云:"莫轻小恶,以为无殃;水滴虽微,渐盈大器。"别轻忽小小的罪恶,如同水滴不断,必定力可透石。古人说:"勿轻小事,小隙沉舟;勿轻小物,小虫毒身。"一个人的堕落,往往也是从细微处开始,所以《书经》说:"慎终于始。"警惕我们第一步不可踏错,以免"船到江心补漏迟"。

**第二,勿以善小而不为**

《佛光菜根谭》云:"小善甚微,累成大德。""善小"也含有"大义"。善有大小,只要发大心也是大善;反之,纵然是大善,若不肯随喜,也只是小善。苏东坡任密州太守,遇到荒年,他"洒泪循城拾弃儿",拿出小钱,救活40位即将饿死的孩子;佛光大学百万人兴学活动,也是集众人之小善,成就一所大学校;所谓"积善成德",都是从大处着眼,小处着手而成。

**第三,勿以权大而可畏**

哲学家休谟说:"一切权力,最后终必以众意为依归。"袁世凯赠厚礼于梁启超,梁启超不但拒绝,还发表文章揭露他的恶行,而且还遭到袁世凯的威胁。梁启超却说:"宁可逃亡生活,也不愿苟且偷生。"他不畏权贵、不受威胁的胆识,令人钦佩。唐朝道信禅师道闻遐迩,唐太宗三诏不赴,以疾辞旨,他不贪名闻利养、不畏强权的风骨,赢得御赐紫衣。所以,掌大权,做大官的人虽可畏、可敬,但我们若心存浩然正气,其心天地可鉴,又何惧强权。

**第四,勿以胆大而不畏**

《论语》:"君子有三畏,畏天命,畏大人,畏圣人之言。"现代人最大的悲哀是目中无人,心存我慢,泯灭良知,无所不为。当一个人不知天高地厚,一切无所畏惧时,即是败德之兆;反之,一个人有所敬畏,时时提防自己的心念行为,不违背因果道理,就可奠定成德之基。所以"人必先有所畏,而后才能无所畏"!

所谓"为善不见其益,如草里冬瓜,自应暗长;为恶不见其损,如庭前春雪,当必潜消",意指善业暗长,恶业潜报,"故圣人见微知著,睹始知终"。所以,小不可轻大,大亦不可轻小。

# 勿因小失大

人生的际遇有轻有重，我们若把握不当，就容易因小失大、顾此失彼。三国的周瑜，因不服诸葛亮的聪明才智，三败三气，赔了夫人又折兵，更赔上自己的性命。其实人我之间"你中有我，我中有你"，彼此都是一体相关的，若能体会"共存共荣"的道理，就不会计较荣辱得失。关于"因小失大"有以下四点意见提供：

**第一，勿因争夺权势而失去友情**

有时朋友间因争权夺利，而伤害感情，甚至连友谊都失去了，实在划不来。毕竟权利是一时的，但友谊却是永久的。古代庞涓怕孙膑夺权而陷害他，然孙膑逃到齐国一展长才，不但歼灭魏军，庞涓还被万箭穿心。若我们能如管鲍之交，互相信任，彼此成就，不是更好吗？

**第二，勿因赚取财富而失去快乐**

有的人为了家计赚钱，整日忙碌，顾不得家庭，失去了家庭之乐；有的人因为忙于赚钱，闹得夫妻不常相聚，失去了爱情。有时更为了赚钱、再赚钱，顾不得儿女的教育，不但失去天伦之乐，也有亏父母的职责。其实，欢喜的生活，才是人生最大的财富，所以勿因只顾赚钱而失去快乐。

**第三,勿因创造事业而失去健康**

现在的人常常忙于自我创业,但创业何其容易？人一旦忙起来,往往就忘记照顾自己的身体,等到事业有成,健康却失去了。健康犹如汽车燃料,没有健康的身体,哪来工作、生活的乐趣,健康可说是一切事业的资本。

**第四,勿因妄说巧言而失去尊严**

我们如果常说一些花言巧语、不实在的话,久而久之,别人就会对我们的人格大打折扣。虚妄之言,不但自讨没趣,还会失去信用与尊严。做人要言行一致,多说一些慈悲爱语、正直实语,才能自受用、他受用,而自利利人。

闽南话说:"天公疼憨人。"一个人只要心存正念,该是你的,即便吃亏,终究还是你的。若我们不知衡量轻重,不能珍惜眼前因缘,最后因小失大就划不来,毕竟一切因缘的形成,都来之不易。所以说"心量小,烦恼多,痛苦亦多;心量大,喜悦增,福德亦增"。

# "多"的弊端

常人喜欢多财多宝,若不懂得运用,和贫穷一样匮乏;若以财宝炫耀,只有显得俗不可耐。满怀好意的人多朋友,假如不懂得分辨是非善恶,也只是个滥好人;人才聚集很多很好,但是不懂得团结,也只算是一盘散沙,不能共成大事。可见"多"也有弊端,列举四点:

**第一,多吃无滋味**

《尼干子经》说:"噉食太过人,身重生懈怠,现世未来世,于身失大利。"饮食适度,有益健康,但是多食无益。例如酒喝多了,不省人事,失去理智;饭菜吃撑了,脑满肠肥,想再多吃,也食不知味。所以佛教视饮食如良药,适时适量地吃,维持身体健康。好比禅者不因好吃而多吃,也不因不喜欢而不吃,只为了疗养色身,借此修行,用功办道。

**第二,多言不值钱**

有的人喜好讲话,一有机会就高谈阔论,卖弄口才。言多必失,总是惹人厌恼,还会失去"话"的价值,因此古德常告诫弟子嚼舌伤神,所谓"多言取厌,虚言取薄,轻言取辱"。会说话是一门学问,也是一种艺术,谨慎的人,话多不如话少,话少不如话好。话还要说得中肯,一言九鼎;说得有理,容易接受;说得适时,自他都心情愉悦。

**第三,多忌失亲信**

猜忌怀疑,只有减损互相的尊重;尔虞我诈,自然容易生出是非、纠纷,徒然滋生烦恼。唯有笃实信赖,才能转排斥为祥和。《三国志》评论袁绍:"宽而多忌,仁而无断,兵虽强,实失天下心,可谓逆德矣。"太多的疑忌,只有让跟随他的人离心离德,不能团结合作,终究失败。若能疑人不用,用人不疑,方可获得忠诚的伙伴。

**第四,多虑难成事**

谨慎谋略,能使策划周延,但若顾虑太多,患得患失,踌躇不前,往往浪费心思而错失良机。《法苑珠林》记载:"多虑多失,不如守一,虑多志散,知多心乱,心乱生恼,志散妨道。"因此要简化思虑,单纯以对;对善美的事情,时机当前,就要马上去做;应该决定的事情,就要智慧分辨,当机立断。

吃不忌口,贪多伤身;口无择言,惹祸上身;奸计巧谋,失去朋友;费心多虑,匮乏失误。相反的,少欲知足,活得快乐;言简意赅,是非减少。所以有时"多"有这些弊端,不如少一点,反而更美妙。

# "多"之见

"多"代表丰富,也是许多人的希望。例如福报幸福愈多愈好、快乐财富愈多愈好。随着时代文明进步,"多元化"是现代社会发展的新趋势;企业要"多角度"才能永续经营;人要"多才多艺",才能因应职场不同的需求;善行义举要"多多益善",世道人心才能淳善净化;修行人要"多闻熏习",才能智能增长。"多"有许多功用,以下四点作为参考:

**第一,多闻不如多见**

目前信息发达,但是天天在家看电视、读报纸、光听别人讲,这是不够的。古来禅门大德千山万水地去行脚参学,就是要亲身体验、吸收活用的知识。现在经商重视实地考察,做研究要田野调查,明朝徐霞客放志远游,"升降于危崖绝壑,搜探于蛇龙窟宅",为滇缅佛教留下珍贵的资料,所谓"行万里路胜读万卷书",凡事应该要亲身去体验,才能扩展广阔的视野。

**第二,多言不如多行**

俗谚云:"说道一丈,不如行道一尺!"有些人看似满腹经纶,说得头头是道,话是很多,实践却没有。佛陀教导人要"解行并重",

王阳明鼓励大家"知行合一",孙中山说"知难行易",总之言还是需要行。再多的言论、计划,如果光说不练,只能说食数宝、画饼充饥,永远没有实现的一天。

**第三,多疑不如多问**

佛教讲"大疑大悟",经典里,都是由弟子提问,佛陀为大众解答;禅堂参禅打坐,叫你"提起疑情",在疑处用心参修。胡适说:"做学问要在不疑处有疑,待人要在有疑处不疑",有了疑心,应该提出来问清楚、说明白,否则,把它放在心里,疑心生暗鬼,不但个人智慧不能增长,人际关系也会出现嫌隙阻碍。

**第四,多虑不如多防**

现在社会上的人不管有钱没钱,不是怕盗窃就是怕绑架,这个不安全,那个不放心。与其挂虑,不如提防。例如害怕病毒传染,就要重视环保卫生;忧虑人际关系不足,就要积极调整改善。不仅防止外境的恶因恶缘,也要防患内心的烦恼污染,能防患未然,你的损失必定会减少。

"多"不是要人贪求,如果待人多一点宽容,多一点谅解,朋友会愈来愈多;内心多一点满足,多一分感恩,身心就能欢喜自在;对真理多一点探求,多一分体会,自然能远离愚痴果报。

# 多与少

"多一分""少一分",如何适切地把握,是一门人生哲学。有时候要使生活美好,内心自在,我们要多一分快活、真实、悠闲;要少一分忧伤、虚伪、忙乱,好的事情多一分,自然坏的事情就会少一分。如何恰到好处,有四点意见提供:

**第一,多一分谨慎,少一分失败**

为人要谨言慎行,处事要思前顾后,所谓"宁走十步远,不走一步险",多一分谨慎,不行差步错,抱着如临深渊的态度,胜过万般防备。苏轼曾说:"慎重则必成,轻发则多败",事事谨慎,不轻忽大意,才能避免"一失足成千古恨,一步差致千里远"的憾事。

**第二,多一分预防,少一分灾害**

古人说:"勿临渴而掘井,宜未雨而绸缪。"就是警惕我们要有防微杜渐、未雨绸缪的准备,否则灾难发生时,都为时已晚。所以,平日居家可准备急救药箱,以防不时之需;台风前准备蜡烛、手电筒、储水,以防停电停水;举行救灾演习,以防地震、海啸发生等,平时多一分预防,就是减少灾害的最好办法。

**第三,多一分保健,少一分病痛**

现代上班族的生活质量日趋低落,工作压力大,步调紧凑,又疏于运动,导致生理不适,甚或职业病、文明病缠身,真是苦不堪言。对于自己的健康,要多一分保健的常识观念,比方要有适当的运动、饮食、休息,与及时就医治疗的观念,不要等健康亮了红灯,都已造成遗憾。所谓"无病第一利",人生最大的福报,莫如无病健康,不要因为疏忽而损失自己的健康。

**第四,多一分善心,少一分罪恶**

用善心去看人,人会很好;用善心去看事,事情会很好,那是因为我们内心拥有善美,所以世界到处都美。眼中所看是美景、耳中所听是美言、心中所想是美事,正如《维摩经》说:"心净则国土净",用善心做人处事,就会减少一分罪恶。

平时如果能对生活多一分关心、用心,就会减少一分遗憾,建立良好的观念与生活习惯,人生就能美满。

# 苦乐之间

人间的生活,有苦有乐,太苦时,当要提起内心的欢喜快乐;太乐时,也应该明白人生苦的真相,如此,才不致因苦或乐,而造成心绪的起伏不定。"苦乐之间"有四点说明:

**第一,耐贫贱易,耐富贵难**

有的人在贫穷的时候,即使是过着有一餐没一餐的生活,也毫无怨言,但是,等到富贵发财的时候,却再怎么也忍耐不住了,一再地想要花钱、玩乐、享受。《东坡志林》有云:"富贵易生祸端,必忠厚谦恭,才无大患。衣禄原有定数,必节俭简省,乃可久延。"因此,耐得住贫穷,也要耐得住富贵。

**第二,安勤苦易,安拥有难**

有的人,当他贫苦的时候,每天卖力工作,不喊累也不叫苦,一旦拥有了财富,却成天为金钱所束缚,担心财富为人所夺,不能安心。社会上,有很多人愿意和自己的朋友、兄弟、家人共患难,可以同甘共苦;但等到富有时,要他共富有却很困难,甚至彼此你争我夺。所以,人生对此事应有警戒,才不致因为一己之私,坏了双方多年的友好关系。

**第三，受欺侮易，受怨气难**

有人欺负我了，忍耐一下，这很容易，因为对方是一时不了解我，才会这么做，所以可以不和他计较。但是一旦被人冤枉，要受怨气却很难，我没有讲这句话，他偏偏说是我讲的；我没做这件事，他执意说是我做的，这时再也忍受不了。其实，能受得了冤枉，会增长更大的福报。

**第四，忍挫败易，忍快乐难**

要忍耐挫折失败比较容易，但是要忍受欢喜快乐却很难。比方股票跌停板，损失了几十万元，再怎么样都要忍耐，一旦是涨停板，赚了几百万元，兴奋之情却是溢于言表，难以控制这种痛快的感觉不表现于外。

苦与乐乃存乎于一念之间，然而热烘烘的快乐，会乐极生悲；冷冰冰的痛苦，会苦得无味。因此，人生要能节制自己，要过不苦不乐的中道生活。

# 不堕落

一棵树,存在往下扎根、向上生长的本能,它知道吸取养分,滋养身躯,待枝繁叶茂时,就能够庇荫十方路人。人也是一样,具有积极向上的生命动力,只要我们坚持,它也未曾放弃,进而发挥它的意义价值。然而,身处纷乱扰攘的人世间,如何坚持不堕落呢?以下四点意见提供参考:

**第一,做感人之事**

感动是最美的世界,它让人心意交流,缩短彼此的距离,明白活着的美好。佛陀为弟子煮粥疗饥、穿针缝衣;仙崖禅师对夜游沙弥,只有一句"夜深露重,小心着凉",无不令人心生感动。能以慈悲、谦逊、真诚感动他人,散发人间情意的光华,那么便是处处净土了。

**第二,怀大众之心**

这个世间是因缘和合而有,没有大众,不能成事。佛陀说"我是众中的一个",常不轻菩萨"我不敢轻视汝等",都是心怀大众,所以成其伟大,受人敬仰。凡事以大众利益为优先考虑,时常想着"大众第一、自己第二",不以"老大"自居,我们的心量,自然能如大海壮阔,如虚空包藏万物。

**第三,图奋发之志**

有志向的人生,才有希望,才有动力。《大智度论》言:"作福无愿,无所标立,愿为导御,能有所成。"地藏菩萨发下"地狱不空,誓不成佛"的宏愿,给予众生脱苦的希望;观音菩萨立下"千处祈求千处应"的志愿,免去众生怖畏的恐惧。我们的人生也要奋发立愿,才能为自己、为他人创造无限的可能,生命也才能奋起飞扬。

**第四,防恶事之念**

对于善恶,《六祖坛经》提到:"自性起一念恶,灭万劫善因;自性起一念善,得恒沙恶尽。"不仅是修道之人,平时为人处世,也应常怀善心善念,事事才会有好因缘。所谓"火烧功德林""莫以恶小而为之""思量恶事,化为地狱",都是在告诫我们恶事损福伤德,不可不防啊!

道路有方向,水流有方向,生命的发展也有它的方向。究竟是善是恶,是升是堕,全然决定于我们的心念与作为。如何不堕落呢?以上四点要实践。

# 反省之微

一个人要想自己进德,必须每天反省。反省,好像镜子,可以看到自己的本来面目;反省,好像清水,可以洗净内心的烦恼污垢。反省的种种好处,列举六点如下:

**第一,静坐,然后知平日之气浮**

我们的心,好似猿猴跳跃,一刻不停;又好比瀑流湍飞,没有一刻安静。假如有静坐的习惯,当你静下来,就会知道平常这颗心,是多么浮动躁进。静坐,心才能稳定;静坐,心才不慌乱。

**第二,守默,然后知平日之言躁**

古人有谓:"圣人深居以避患,静默以待时。"默,不是不讲话,你静默,才能详思审虑;你守默,会懂得观时以动。尤其当你一沉默,就可以知道平常的讲话太过急躁,甚至说话不经过大脑就讲出来,行事就容易冲动,处世也容易冒失。守默,可以少去许多无谓的话语,减少许多无端的烦恼。

**第三,省事,然后知平日之费时**

做事要有方法,懂得化繁就简,麻烦的事情减一点程序,复杂的事情,也省一点手续,就会知道平日过于浪费时间,浪费人力,浪费资源,殊为可惜。

**第四,闭户,然后知平日之交滥**

假如能有一段属于自己的时间,闭户休息,不到外面交际聚会、应答酬对,这时,就会知道平常东奔西跑,到处交往迎来,浪费时间太多,失去自由。

**第五,寡欲,然后知平日之病多**

假如你可以清心寡欲,减少了贪欲,你就知道平日"多"的苦。你太多的财、色、名、食、睡,负担太大;太多的妄想杂念,心不能平静;太多的计较执着,思想不能开阔。因此,寡欲一些,会少去"多"的烦恼。

**第六,近情,然后知平日之念刻**

假如你近乎人情,近乎事理,就会反省到平时待人不够厚道的地方,你会想到:"哦,我还要再体谅人家一点""哦,我还要再善解人意一点""我还要对人好一点",你的人际关系就会有所改善。

反省,是悔过的勇气;反省,是自修的功课;有了反省,是人格进步之母;有了反省,心中会常存感恩。

# 面临境界

佛教有一句话:"讲时似悟,对境生迷。"意指道理懂很多,甚至滔滔不绝地向人说教,当自己面临境界的时候,却被现象给迷惑颠倒了。面临境界时,怎样才不会迷呢?以下有四点意见:

**第一,要临事不苟**

每个人每天遇到事情,大至世界、国家、社会局势,小至生活琐事,乃至身心苦乐问题,林林总总,不知凡几。事多且繁,却不可敷衍,尤其事情来了,更不能推卸责任,你能当下承担,一丝不苟,诚意面对,必能处理化解。

**第二,要临战不怯**

唐朝郭子仪因平定安史之乱有功,被封为大元帅。有一次,回纥、吐蕃十万大军来侵,郭子仪认为己军势单力薄,难以制胜,于是放下刀枪,脱下头盔、护身衣,只与少数轻骑随从,进入回纥军中谈判。由于他的自信、勇敢,令对方首领大为佩服,因而订立誓约,退兵而去。凭着这种临战不怯的气度,终于化险为夷。

**第三,要临危不乱**

人生如战场,就是经营日常生活,许多的境界,也都像在战场一样，必须要靠勇敢、冷静，才能不怕挫折，接受挑战。所谓敌人，不一定在别处，不一定是他人，佛法有云："一念瞋心起，百万障门开"，举心动念间，都是人生的危险。因此面临危难时，要冷静思考，不可自乱阵脚。

**第四，要临难不惧**

经典说众生有五种畏惧：不活畏，所以生活不安，常积资财；恶名畏，所以害怕他人讥谤，自己名誉受损；死亡畏，畏惧生命即将失去；恶道畏，害怕自己堕入地狱、饿鬼等恶趣；人众威德畏，是没有信心，或自信不够而害怕出现在大众之前。人生在世，遇到困境灾难，大都不离这五种畏惧。发生时，能知祸福穷通，唯人自招，就不会怨天尤人；能知前因后果，事出有因，就能临难不惧，转危为安。

所谓"对境练心，对人练性"，世间逆缘，是我们向上之阶，世路风霜，为我们练心之境，世情冷暖，成我们忍性之德，世事颠倒，作我们修行之资。这四点可以作为我们对境练心的修炼。

# "不"的原则

人在世上,有所要,有所不要;不要的事情有很多,好比不让人知、不令人闻、不要人妒、不为人惧。但是"不"也有"不"的原则,提供以下四点意见:

**第一,若要人不知,莫若不为**

俗语说:"若要人不知,除非己莫为。"做过的事,要他人不知道是很难的。尤其"好事不出门,坏事传千里"。若不要人知道,不如就不做。《大学》说:"君子必慎其独。"曾子曰:"君子十目所视,十手所指。"好汉做事好汉当,不该做的不做,能以正大光明的态度,来面对自己,自然就吃得饱、睡得香了。

**第二,若要人不闻,莫若不说**

有的人在聊天时常常会说:"我只告诉你,你不要告诉别人啊。"那个人随口又转告他人:"我只告诉你一个,你千万不可说出去。"没多久秘密就传出去了。《韩非子》云:"事以密成,语以泄败。"因此要避免无谓的争端,最好的方法就是不说。

**第三,若要人不妒,莫若不得**

当我们得到功名,或发了钱财,难免会遭人眼红,尤其得之不应得,嫉妒就更难免的了,甚至它会如影随形,让你担心前途随时不保。因此,得时不忘谦卑、低调,才不易遭受嫉妒;而不应得者,不如不得,免得还要患得患失,身心无法安顿。

**第四,若要人不惧,莫若不嗔**

《佛光菜根谭》云:"嗔心如狂风,会卷走人缘。"人际往来间,脾气大并不代表能降伏对方,要做到让别人不怕我们,才是真正会做人做事。观世音菩萨"施无畏",布施无畏给予众生,因此,人人将家中最好的位置留给他。你布施善意,自然令人感受温暖;你发出嗔心,别人当然避之唯恐不及了。

若不要人家把烦恼带给你,那么我们自己就应行得正,不当做不做,不当说不说,不当得不得,不当嗔不嗔。明朝冯梦龙在《警世通言》说得好:"平生不做皱眉事,世上应无切齿人。"在大众监督下,我们才会更加小心自己的行为。

# "多"的得失

说到"多",有得有失,拜访亲友,送礼要够;与人谈话,话题要多;多亲近善知识,可以增广见闻、进德修业;与人无谓的应酬一多,浪费的时间也不少。

因此,要紧的是,当多则多,当少则少;所谓"福兮祸所倚",一味贪多、求好,表面上拥有很多,骨子里却有无尽的烦恼。因此,不得不注意"多"的得失,有以下四点:

第一,礼多人不怪

中国有句老话:"礼多人不怪。"多些慰问、多些关怀、多些赞美、多些尊重,都是好事,但也不能多得让人见怪,多得让人觉得做作,就不妥了。所谓"礼",是一个人表现敬意的态度,礼的多少不重要,重要的是能周到、适当。

人类社会的交流往来,以礼为先,例如婚嫁、喜庆、过年过节、新居落成等,在礼貌上都会表达祝贺,如果没有祝贺,就显得失礼了。

第二,话多人不耐

苏格拉底说:"天予人两耳两目一口,盖欲使其多见、多闻、而少言语。"说话应简明扼要,太多的闲话,让人听了会不耐烦。中国人有"好讲话"的习惯，无论什么场合，台上讲，台下也讲，等到要你上台讲，却又不肯，或者一旦上了台，一开口就没完没了，迟迟不能下台。话讲太多，容易出差错，后悔都来不及，所以话多不如话少。所谓听者为尊重讲者，应当用心听，而讲者也应尊重听者，话语适可而止。

**第三，疑多人不快**

一个人若以疑心与人交往，容易产生是非与猜忌；对事情抱着犹疑的态度，容易优柔寡断；对主管不能信任，则容易造成意见分歧。英国培根说："疑心是友情的毒药。"因此，为人处世，不能经常用自己的成见去揣测别人的想法，如果对这个不信任，对那个也怀疑，最后则会失去所有的朋友。

好比华佗要替曹操开脑取瘤，曹操却怀疑华佗要谋害他，而下令押入大牢。等到曹操头痛剧烈，想起华佗时，华佗早已死在牢里了。

**第四，怒多人不爱**

《菜根谭》曰："疾风怒雨，禽鸟戚戚；霁日光风，草木欣欣。可见天地不可一日无和气，人心不可一日无喜神。"一个人若老是发脾气，即使能力再强，也会让人不敢领教。一个人拥有的技能，可经由学习而获得，但是肚量、涵养却是不容易培养的。如果我们能学习不将怒气发之于口、形之于色，甚至不起于心，那么，心地清净，自然能有好人缘。

多不一定好，好比一个人言多、疑多、怒多，甚至礼节过多，不一定能受人尊重。反之，说话把握重点、对人心怀信任、待人祥和欢喜、礼数合宜适度，则处处受人欢迎。

# "多"之病

贪得无厌、多多益善,这是一般人的通病。例如金钱越多越好、田产越多越好、房屋越多越好,无论什么东西,都是希望越多越好。"多"有时候也不全然就好,"多"也会有多的毛病。"多"之病,有四点:

**第一,多事为修养第一病**

俗语说"狗拿耗子,多管闲事"。做人固然要见义勇为,要热心主动,但有时候不需要旁人插手去做、去管的事,如果你硬要插上一脚,硬要去干涉、参与,这就是多事。多事是修养之患,所以在佛教的丛林术语里,有所谓"油瓶倒了,不要你扶",意思就是要你管好自己,不必多事,这就是最大的修行。

**第二,多言为涉世第一病**

一个人平时如果有事却不开口,固然会让人有"神仙难下手"之感,但是多话,常常也会惹出许多不必要的麻烦。例如一场会议,不是你的身份可以发言的,或是一项决议案,不应该由你宣布,但是你多话,提前曝了光,反而坏了别人的事情,所以多言是涉世第一病。

**第三,多聪为立心第一病**

一般人莫不祈求聪明才智,但是也有人感叹"聪明反被聪明误"。如苏东坡说:"人皆养子望聪明,我被聪明误一生;惟愿孩儿愚且鲁,无灾无难到公卿。"我们不要以为聪明很好,聪明过了头,如果得不到别人的欣赏,往往会慨叹怀才不遇。甚至很多自以为聪明的人,不肯放下身段,因此高不成低不就,心理上总不是很平衡。所以,太聪明也不一定是福气,憨厚、诚实、大智若愚,还是比较好生活。

**第四,多费为养家第一病**

勤可以补拙,俭可以却贫。一个善于持家的主妇,一定要懂得节俭,要开源节流、量入为出,不可浪费。例如平时用不到的东西,不要因为打折扣、大甩卖,就贪小便宜买了一大堆,买了没用也是浪费。所谓"吃不穷,用不穷,算盘不到一世穷"。不懂得节约,不善于计算,造成入不敷出,这都不是养家之道。

世间事,过犹不及,中道最好。所以"多"的毛病,我们也应该引以为戒。

# 多求不安

农产丰收令人开心,但堆滞如山、销不出去时,却令人头疼;土地愈大愈好,但无力经营而荒置时,也很可惜;求朋友多、求多子多孙、求升官发财,真的就好吗?有时多求,反而不安,甚至患得患失,产生许多的烦恼。不安从那里来呢?以下四点:

**第一,多看目不清明**

看书虽多,囫囵吞枣,也不一定明白其中道理;看不完的电视,不但记不得节目内容,还把心都看乱了。许多人喜欢看山、看水、看花、看人来人往、看红男绿女,却看不见自己的心。参禅者贪看,功夫用不上;念佛者贪看,只有口无心。所以,眼睛所看,也要有所抉择。不只看自己,要看大众;不只看现在,要看未来。会看的人,看真相,会看的人,看内心。

**第二,多闻耳不聪慧**

美妙的音乐,听来令人舒怀悦意;绕梁三日不绝于耳的声音,也令人回味无穷。但是假如听得太多、太杂,整日追逐外在的音声,最后只有感到"五音令人耳聋",难以清净,甚至像俗语所说"听了风就是雨",过度反应了。因此,"明者视于无形,聪者听于无声",要能听出无声,才能真正听出真理、听出真心。

**第三,多虑心不清净**

所谓"愚者千虑,必有一得;智者千虑,必有一失"。凡事缜密周延的规划是有必要的,但穷思极虑,心头挂碍太多,不但没有帮助,反而内心混杂壅塞,不得分明,甚至整个人动荡不安,损伤身心健康。

**第四,多求眠不安稳**

做官的人,希望加爵厚禄;没钱的人,希望发财致富;中学生祈求考上好学校;单身者祈求找到另一半。原本欲求也是人性之一,但假如满脑子只为一己之私,想出无边计谋,就会烦恼连连,痛苦不堪,睡觉都不得安稳。如果能将自私的欲求转化、淡化、净化,日子就能过得心平安稳。

海伦・凯勒眼盲心不盲,成为伟大的教育家;贝多芬耳聋心不聋,创作出旷世音乐;德山宣鉴禅师因龙潭崇信禅师的灯火熄灭,而明心见性;五千菩萨因维摩居士的默然无语,而证得无生法忍。

不在眼耳鼻舌身意六根过分的追求,反而有另外的开展。因此过度的所求,还是要远离为好,免得造成种种不安。

# 力行之方

《中庸》载:"好学近乎知,力行近乎仁,知耻近乎勇。"知此三者,则知修身,"知所以修身,则知所以治人;知所以治人,则知所以治天下国家矣!"《申公传》则云:"为治者不在多语,顾力行何如耳。"因为空谈论说,不切实际的玄想,都于事无补,不如重在力行,勉力实践,才能获得成功,赢得赞扬。

第一,生而不知学,与不生同

一个人要在世界上生存、生活,最重要的就是要学习。至少要学习生活的基本技能,生命生存的基本能力,进而学习知识、学问、道德、智慧,才能自立立人,自度度人,自达达人。如果这些都不学习,怎么生活?不肯学习,不就等于没有出生到人间一样吗!

第二,学而不知道,与不学同

有的人学了很多谋生的技能,也读了很多的书,拿到许多文凭和证书,甚至是双博士、多重硕士,但是他不通达、不明理,即使是当了大学的教授,也可能会为了隔壁邻居家的落叶飘到自己的院子来,而和人争吵打架。反而那些不认识字,没有读过多少书的人,却很通达明理,知道"一切福田,不离方寸;从心而觅,感而不通"。因此,明理比知识技能还要重要,如果学习而不明理,岂不是与不学相同?

**第三,知而不能行,与不知同**

学习要"知行合一",才是真实的学问功夫。如果稍微明理了,却不能做到,不能实践,不能知行合一、行解并重,就无法进一步开阔视野,深入实相的真实奥义,这与不知有什么不同呢?所以,学习之后,要努力实践,在事上磨炼,才能经世致用。

**第四,会而不能悟,与不会同**

有的人明白道理,也能体会个中奥妙,但是他不能举一反三,不能闻一知十,不能从心里,对于所知、所学、所会的透彻悟道。对事理不能悟道,就无法发挥、活用,如此不能证悟,与不会还是相同的。所以我们要"转迷为悟"。亦即舍离烦恼之迷妄,而得涅槃寂静之菩提。

# 团结的真义

有的人以为单枪匹马很神勇,但是一个人的力量毕竟有限,团队才有强大的力量。有句谚语说:"不怕不翻身,只怕不齐心。"维吾尔族也有类似谚语:"事成于和睦,力生于团结。"人与人团结,可以上下和谐,敦睦社稷;国与国团结,能够东西交流,世界和平。团结不是喊口号,该如何具体展现呢?有四点意见:

第一,要容许异己

团体当中,每个人看事情的角度不同,着眼点不一样,所以观点也会南辕北辙,如果不能容纳异己,就难以团结,不能成事。语云"有容乃大",泰山不辞土壤,大海不拣细流,若能包容异己,罗致十方,容纳他人不同的思想、言论、风格,各取优点,取长补短,必能发挥团队的力量。

第二,要分工合作

我们身体的眼耳鼻舌、四肢,各有功能,彼此分工,合作无间,使人体发挥功能。现代社会也很重视集体创造,分工合作的精神。团队里人很多,事情也较繁杂,如果大家各司其职,把自己分内事情做好,各自分摊责任,又能密切合作,要成事就不难矣。

**第三，要迁就大众**

每个人都有各自的特质，懂得善用，就能使其发挥所长。但是，个人也要有团体观念，以大众的意见为意见，以集体的目标为目标，少数服从多数，多数也要尊重少数。领导对部属能多多给予方便、宽谅、爱护，下属对主管也要做到尊重、忠诚、服从。每个人都能培养大人物的胸怀，不斤斤计较，以众为我，和气相处，就有扎实稳固的力量，共创愿景。

**第四，要牺牲自我**

在团队里面，最怕的是你争我夺、钩心斗角，你想得点小便宜，他也要多少好处，大家为了一己之利，争得对簿公堂，六亲不认；为了一己之见，争得恶言相向，如同仇敌，整个团队就此离心离德。大众相处在一起，为了圆满事情，对于个人的利益，要多少牺牲一点。处事需以大局为本，本在利生，本没利亡；重视团队的发展，个人也会有所成就。

世间有许多力量，有以智慧充实，有以信心坚固，有以慈悲融和，有以愿力实践，能够集合这些力量，并且容许异己，分工合作，迁就大众，牺牲自我，还怕不能发挥团队的力量吗？

# 如何团结

有人说,三个日本人可以创办一个大公司,三个德国人可以主持一个市政府,三个中国人却会把一个家庭搞得一塌糊涂,因为中国人一向长于"发展自我"。一只手指头没有什么力量,五只手指头合起来,能成为一个有力的拳头。同样的,一个人、一个政党、一个社团,发挥有限,若能团结起来,他的影响,就不可限量了!

如何团结?有四点意见:

**第一,容纳异己才能团结**

一个进步的团体和社会是多姿多彩的,除了内部和谐团结外,对外面的反对者也要包容,甚至通过沟通了解,化敌为友,如同佛教有很多宗派,但彼此并不冲突。团结不是要求人人都跟我一样,而是能扩大心胸,包容不同的思想、言论、风格,彼此相互尊重,发挥所长;如此,才能百花齐放。

**第二,分工合作才能团结**

古之君主治国,对内靠文官经纶,对外靠武将防卫,文官武将各安本分,合作无间。现在国家建设、公司管理,也都是分层负责、各司其职又合作团结,才能繁荣稳定。《杂阿含经》云:"有因有缘世间集"，无论任何事，要能分工合作，集体创作，集多数人的智慧、力量，团结起来，才会有卓越的成就。

**第三，充实力量才能团结**

一般人都知道"团结就是力量"，更明确地说，应该是"有力量才能团结"，有足够的力量，则无所畏惧。如菩萨具备五明，遍学一切法，集合众多的力量，才能广度一切众生。要成就大事，必须学习菩萨的充实自己。有智慧的力量，就懂得融和自他；有信心的力量，就懂得共识和谐；有慈悲的力量，就能够体谅自他；有足够的愿力，才成就广大的事业。

**第四，牺牲奉献才能团结**

团结的口号，人人会喊，若要牺牲奉献个人的利益时，就很难了。例如汉末袁绍，统帅十八路人马，号称兴仁义之师，其实彼此之间唯利是图，为了功勋，更是钩心斗角，哪能团结？相反的，你有勇有谋去打仗，我有钱有粮忙供应，彼此团结起来，再大的敌人也不怕。

一个家庭之中，父母与子女应该互相慈爱尊敬；邻里和邻里之间，彼此要守望相助；机关团体上下要同心一意，乃至各宗教、各党派之间，都应该以团结为重，唯有团结，一切愿望才能实现。

# 集体创造

今日的社会已经是一个多元化的社会,国与国之间的关系更进入一个全球化的世界。虽然国际间有种族的分别、国家的分别、贫富的分别,但是时代已经进入一个地球村的构想,所以社会要讲究分工合作,人类要彼此互助,才能有双赢互惠的利益。因此,不论是在小社团的机构,还是国际间的互助合作;不论是社会经济,还是军事政治,大家都要"集体创造",才能恪尽其功。

"集体创造"有几个必须遵守的原则,我提供四点给大家参考:

**第一,有大众没有个人**

既然是集体创造,每一个分子就要有大众的观念,不可以一直表现自己;如果过分地表现自己,那么在这个团体里面,就会为大众所不容。所以,在团体里,每一个人都要重视大众。

**第二,有团结没有分化**

在社会上屡见不鲜,一些投资的股东,在创业之时,彼此都是非常合作的好朋友;但是在事业扶摇直上,利益当前之时,也是彼此分化的开始。所以说:"创业维艰,守成不易。"假如一个人可以重视团结,重视宽容,重视集体创造,没有个人分化的行为,才能把集体创造的事业做好。

**第三,有为公没有为私**

所谓集体创造,是志同道合的人,为完成共同的理想、目标而努力在一起的团体,为了团体的成长,个人应该摒除私心私欲。在团体里,只有大众的意见,不可以执着个人的意见;在团体里,只有团体的利益,不可太讲究个人的利益。那么这个集体创造的理念才能长久。

**第四,有向前没有退后**

集体创造,等于走路,大家的步伐是一致的,不容许个人的脚步太慢,更不容许个人没有集中力量。就好像团体游戏里面的拔河比赛,必须讲究统一的步伐,才能成功。

"集体创造"就好像佛教的因缘法,譬如盖一栋房子,必须有钢筋、水泥、木材、砖瓦等原料才能完成;一棵树的成长,要有阳光、空气、水分,才能长大;一个人要有衣食住行的种种条件,才能生存。

# 融和的真义

1992年5月16日,国际佛光会世界总会成立大会时,主题演说的题目叫作《欢喜与融和》。世界上没有比"欢喜"更宝贵的东西了!你有钱,不欢喜,就无法受用;你拥有庞大的事业,很多的眷属,不欢喜,那些事业、眷属,都变得没有意义价值。欢喜也不是仅仅一个人欢喜,是要大家共同欢喜,才有真正的欢喜。这个大家共同欢喜,就是"融和"的意思。融和的真义有下列四点:

**第一,融和是一种容人的雅量**

要融和,就要学习包容别人,包容别人,对方才肯与我们合作,才能变成彼此的力量。倘若处处排拒他人,大家对我们敬而远之,与我们保持距离,最后只会到处孤立无援。所以要能彼此尊重,容许异己的存在。融和异己,彼此间才能汇聚友善的力量;士农工商,彼此融和,才能创造安和乐利的社会。

**第二,融和是一种平等的对待**

融和,不是我大你小、我多你少、我有你无、我尊你卑。融和,完全是一种平等对待。佛教说人人皆有佛性,人人皆可成佛。连成佛这么伟大的事,都人人平等了,在其他方面,岂有不平等的对待?因此,要保持平等的心念,才能做到真正的融和。

**第三,融和是一种尊重的言行**

尊重,是人际关系中相当重要的一环。尊重别人的见解、尊重别人的思想、尊重别人的人格,尤其在言行上,更要尊重别人。当他受到尊重时,他也会尊重别人。千万不能存有"顺我者生,逆我者死"的决裂性格,那只会"两败俱伤",无法双赢。只要是善意的、正当的见解言行,我们都要尊重,才称得上真正的融和。

**第四,融和是一种相处的艺术**

人与人相处,如果懂得融和的艺术,就不会觉得和人格格不入,自然拥有和谐的生活,也就不会耗费心力,处理恼人的无谓纷争。因此,融和是保持人际关系最高的艺术。

一个融和的家庭,必会温馨幸福;一个融和的社会,必是安和乐利;一个融和的国家,必有富强国力;一个融和的世界,必能和平无争。

# 自由的定义

在人权意识高涨的今日,"自由"是每一个人追求的目标。人人讲求居住自由、婚姻自由、言论自由、通讯自由、新闻自由、学术自由、办学自由、信仰自由……什么都讲自由。如何才是真正的自由?个人真正的自由,应该立足"不妨害别人的自由""不侵犯别人的自由",以及"不践踏别人的自由"。

基于此,我们由以下四点来看"自由"的真正意义:

**第一,自由者道德之根本**

我们要讲自由,先要以道德作为根本,凡是合乎道德的事情都可以做,才是真自由。如不合乎道德,对人有害的事,则应该再三考虑,不能因为一己的自由,而去侵犯别人、损害别人,甚至践踏别人。这是欠缺道德观念,是自私的,不是自由的。

**第二,自由者正义之选择**

要自由,必须要选择正义、公德、合理。正义、公德即是俗话说的"天理",合乎大众的,就是在"天理"的范围之内。因为天理之内享有的自由,才是真正的自由。如果逆天悖理,那是伤天害理,不是自由。

**第三,自由者法律之保障**

自由必须合乎法律的规范,法律保障每个人的自由,保障大众的自由。要社会大众都能享有普遍的自由、免于恐惧的自由、安居乐业的自由,才能称得上是自由的社会,自由的人生。如果违法犯纪,或是钻法律漏洞,以图自己之方便,那是违反道德及法令,不是自由。

**第四,自由者规范之界限**

自由要在道德的规范之内,要在法律的限制之内,而不是漫无边际的为所欲为。法律限制是公德,良心规范是私德,唯有在不逾越公、私两方面的规范下,享有的自由,才是真正的自由。

在过去专制时代,有志气的人认为,自由比生命还可贵,喊出"不自由毋宁死"的口号,进而争取人民在政治上的自由。自由确实很可贵,但绝不能因一己的自由,而伤害到别人。因此,自由应该立基于道德、正义、法律、规范之下,才是真正的自由。

# 自由的意义

法国大革命时,政治家罗兰夫人曾悲痛地说:"自由,多少罪恶假汝之名以行!"时至今日,自由仍被无度滥用,甚至说"只要我喜欢,有什么不可以?"你喜欢,但危害他人、伤及大众,当然就不可以了,因为这是社会乱象、价值颠倒的原因。那么,究竟自由的意义在哪里?

**第一,对他人的生命不伤害**

生命是平等无价的!世界上最宝贵者莫如生命,杀人、滥杀动物,甚至污染环境,都是伤身害命的行为。尤其现今有的媒体不断报道自杀的消息,这种"教人杀"的心态,实在是错误的示范。你能不伤害他人的生命,就是尊重别人生命的自由。

**第二,对他人的财富不侵占**

佛教讲求"积聚有道",以培福修德、广结善缘来获得正财。但有的人侵占、聚敛、诈骗、窃取,愚痴造业而不自知。如果能以享有代替拥有、智慧代替金钱、满足代替贪欲,尊重他人的财富,才是获得功德法财的大富之人。

**第三,对他人的身体不冒犯**

社会上常有性骚扰、强奸、诱拐贩卖妇女等情形发生,这都是对人身的侵害。《十住毗婆沙论》云:"离邪淫善行有二种果报:一者,妻妇贞良;二者,不为外人所坏。"如果我们能将所有的男子、女人,当作自己的父母、手足一般给予尊重爱惜,心念自然就能清净而远离邪见。

**第四,对他人的信用不破坏**

有些人喜欢挖人隐私、揭人疮疤,毁谤别人的名誉,甚至非法集资,仿冒侵权等,这都是破坏他人信用的行为。一个社会如果人人彼此诚挚,不造假危害,自然能互信互赖,和合无争;你能尊重他人的信誉,别人也会信任你。

**第五,对他人的拥有不嫉妒**

佛陀对末利夫人开示:"不嫉妒他人,即能拥有大威德。"我们对于他人的成就、拥有,要能随喜功德,乐见其成。凡事比较、嫉妒容易引起人事不和,能够懂得欣赏他人的荣耀、成就、美丽,也是一种心量的修行。

**第六,对他人的生活不干扰**

诸佛菩萨都是借由生活中的八万细行,调摄身心,体会法义。修行不在背诵千偈,日用中,你能念念用心,不干扰别人,这就是修行。一个人如果时时保持正念觉知,自能语默动静,不被散乱所扰,也不会恼乱其他的众生,别人也不会恼害你,这就是一种自由。

自由的意义,要建立在不危害众生、尊重他人生命上。你看,社会上作奸犯科,身陷囹圄,失去自由的人,大都曾经侵犯他人。因此,以上六点是享有自由的条件。

# 民主的意义

现在的世界,大自国家小至个人,都讲求自由民主。民主的意义是什么?我们都知道民主要取决于多数,然多数的定义又是什么?如果在民主社会里,人民虽享有自由,生活却依然不安全、不快乐,那么,这个自由民主又有何用?所以,真正的民主要顺应民心,要提供一个安全、安定、快乐的生活环境。何谓民主的意义?提供下列四点意见:

**第一,所有的行为要奉行法治**

民主是讲求法治的,不论什么行为都要合法,事事讲求制度,不可一意孤行。春秋时期,管仲奠定齐国的法治;子产重法,改革郑国国政;商鞅变法使秦国称霸,统一中国,而韩非子更是集法家之大成者。由此可知,国家必须靠人民奉公守法,推动法治,才能强盛、才能进步。

**第二,所有的情理要公正无私**

民主的执法应合情合理,不能以私害公,才是民主的真义。《韩非子》言:"刑过不避大臣,赏善不遗匹夫。"就是强调公正无私的道理。春秋时晋平公问祁黄羊,派谁去做南阳县令?祁黄羊推荐解狐。平公说:"你不是和解狐有怨吗?"祁黄羊答:"您问的是谁有才能当县令,与个人恩怨无关啊!"

**第三,所有的事务要分工合作**

"分工",就是各尽其能,但分工以外,也需要大众协助,相互合作。如人之身体,眼耳鼻舌,眼看耳听,各司其职,但有时也要相辅相成,才更能发挥其功能。在民主体制下,大家分层负责,集思广益,集体创造,才能创造历史性的事业,所以分工合作,正体现团结之精神也。

**第四,所有的派系要容忍异己**

社会是由各种阶层的人组成,不同的政党、派系在一起,要容忍异己,才是民主的精神。美国的民主宪政,就是抛弃己见,圆满各方需求,才能将各州结合起来,共守法律,和平相处。所以容忍异己,才是真正的民主修养。

所谓民主,是要懂得尊重别人,善于沟通,并包容异己,今天的政治家乃至民众,都应明白此等深层涵义,才是真正的民主自由。

# 民为贵

自由民主很宝贵,世界上没有比自由民主更美好的。如果在民主的社会里,人民虽享有自由,生活却依然不安全、不快乐,那么,这个自由民主有何用?所以,真正的民主要顺应民众的心声,为民众提供一个安全、安定、快乐的生活环境,才是最重要的。

两千多年前孟子就已经提出"民为贵,社稷次之,君为轻"的主张,在"民主自由"口号高入云霄的现代社会,更应该以民为贵。

**第一,有民意才能长治久安**

当今的社会,任何政策都要有民意做基础。当然,既是民意,就无法取得百分之百的绝对值,但"少数服从多数"是大家都认知的游戏规则,只要能取得大多数的民意基础,就能获得百姓的支持,政治才能长治久安。

**第二,有民声才能防微杜渐**

在民主社会里,大家都能发表意见,容许每个人自由表达所见所思。就如现在的报纸多有"民生"版,在那儿大家可以就国家政策、社会现象等发表看法。有了问题,看到的人多,集合起来就是力量,就可以防微杜渐。

**第三,有民望才能推展政事**

处在高位的领导者,不但要有民意基础,在民众当中也要有声望。有声望的人才能巩固领导中心,推展政务。现今社会,民众的眼睛是雪亮的,谁真正做事,谁只是作秀,大家都看在眼里,政治人物的声望已无法靠虚张声势得来,必须有政绩才行。

**第四,有民情才能了解疾苦**

古诗说:"锄禾日当午,汗滴禾下土,谁知盘中餐,粒粒皆辛苦。"领导者虽不需如农民般挽起裤管下田,像渔民般摸黑出海,像肩挑货力者挥汗出力,但必须能体恤民情;能够了解民间的生活,了解基层百姓的疾苦,施政才能真正切合广大民众的需求。

先贤流血流汗,前仆后继地牺牲生命,好不容易换来的"民主自由",真正的考虑点应该是"人民"的民主和自由。人民能安乐生活,国家才能达到真正的安定。因此,在讲求民主自由时,应将"民众"放在第一位。

# 如何庆祝节庆

每一个人都有生日,父母会为儿女庆生,子女会为父母祝寿,乃至朋友之间,也会为好友生日相互祝福。而每一个国家,也有各种节庆;除了放假、晚会,举行各种庆祝活动之外,还可以用什么方式庆祝呢?以下四点更有意义:

**第一,以服务结缘庆祝**

古德云:"有道者,天不灭。"这个道就是善美。国家、社会多一分善美,人间就多一些温暖与福报。增加善美最好的方式,就是发心服务结缘。例如机关单位推行便民措施来服务人民;企业研发单位开发生产技术,正派经营,扩大服务范畴;教育注重道德人品、培养各种人才;乃至每个人随手功德,维护环境整洁、乐于服务助人,这些都是为自己、为国家社会积善修福。

**第二,以财富创业庆祝**

早期许多白手起家者,他们辛苦创业,带动经济起飞;到了现代,工业发达,农业技术进步,乃至科技、信息发展迅速,都为社会、国家带来一番卓著的贡献。如今,我们更应该珍惜现有,把握因缘,积极提倡克勤克俭的精神,就不怕经济不景气,以再创财富机运,增加国民平均所得收入。

**第三,以文化拓展庆祝**

每一个国家、民族,都有它丰富的文化内涵,它是古圣先贤代代相承的智慧,是整个社会、国家、民族的无形资财。"文化"者,就在化心,感化你的心,感动你的心,因此文化的力量,往往胜过千军万马。文化的发扬,可以净化心灵,文化的价值,可以扩大生命,因此,我们要珍惜自己的文化,尊重包容各种文化,并且重视国际间多元文化的交流。

**第四,以团结和谐庆祝**

社会、国家要富强康乐,人与人之间需要和谐平安。要和谐平安,就要团结有共识。各党派乃至士农工商各界,要能放下歧见、纷争,化解私怨,以慈悲消弭嗔恨,以宽恕化解仇恨,以信心替代怀疑,以共识凝聚和谐,不计前嫌、各自让步,才是真正为人民、国家创造和平、安乐。

庆祝,有很多方式,有人主张要热闹喧腾,这固然令人振奋,但那只是一时的欢喜,不如以上述四种方法更有意义,加上我们的心香一瓣,祝福国家、社会恒久绵长、民主均富、平安祥和,那才是究竟、久长。

# 光复

光复，意谓失而复得，它也不是光指土地、金钱、权利或荣耀、名誉，当善良的人心、人性，美好的传统、道德，有所失落时，更要努力重建，这也是一种光复。在这个到处讲求快速、进步、竞争、效益的现代化社会，我们要光复什么呢？

**第一，人心光复**

现代社会信息发达、方便，消息的传递，彼此的通讯更是快速无比，可是人心之间的距离，却是愈来愈远，甚至充塞忧郁、空虚、不安与失落，种种心灵的病症随之而起。因此，我们要光复我们的心，让它远离沮丧、悲伤，转压力为动力，用正向思考代替负面情绪，养成良好的生活习惯、作息，进而建立自我的信心、希望。

**第二，人性光复**

佛陀告诉我们，众生佛性平等，具足清净本性，孟子也主张人性本善。每一个人都有善良、庄严的本性，然而，在过度追求物欲的满足之后，人性却愈来愈奢华、贪婪、丑陋、投机。幸而现在社会上渐渐有许多人开始自觉，提倡回复人性的俭朴、喜舍、自然、道德，这都是可喜的现象。

**第三,人情光复**

现代人有句话:"天涯若比邻,对面不相识。"由于信息的发达,媒体、电话、网络联系密切,可是对门的邻居却不相识,冷漠成为人情往来最大的障碍。因此,我们鼓励大家一同效法"欧巴桑"(老太太)的性格,不怕腼腆丢丑,不怕别人笑话,重拾人情之间相互帮助的温馨、美好。

**第四,人事光复**

一个机关团体里,人事管理可说是最高难度的。应该采取"公平、公正、公开"的原则,专业的事,用专业的人,以事求人,虚位以待,才是用人的最好方法。否则牵亲带眷的裙带关系,或是尸位素餐,不做事,只有让人事更复杂、更衰败。

许多行业在经过一段时间后,就会重现复古之风;军队打仗后,要让士兵复元士气;土地耕种后,也要休耕再复耕,农作物才能丰收;克己复礼、朋友复交,都是好事。这四点光复的意义,值得我们去努力。

# 正名

《庄子·逍遥游》说:"庖人虽不治庖,尸、祝不越樽俎而代之矣。"祭祀官不用替厨师煮饭,军中发号施令的不会是二等兵,公司总经理不需要操心清洁工作,校长不需烦恼学校的营缮工作。每个人管好自己分内的事,就是"正名责实",就是名副其实。如何才是正名?

**第一,行不正不可居其位**

大抵上负责哪个职位,就应有符合该身份的能力及素养。为人师表者,在学识品德方面,就应做好榜样;司法警政人员,就应公正不阿;政府干部、人民代表,则应该以民意为先,为民谋福利。如果当警察却违法,当教师却放荡,当干部的却贪污,那么不仅名不副实,而且是不道德。

**第二,职不称不可食其禄**

古人批评占着职位,享受俸禄而不做事的人,叫作"尸位素餐";被骂为"跟死人一样",是很严重的指责。在分工日细的现代,"尸位素餐"的情形虽大为减少,却常有不称职的现象,例如靠关系占上缺却无能力,或是虽有能力却不尽力,或是取得的薪水高于付出的辛劳,凡此都可说是不称职。我们要常常反省:我担任的职务,有没有尽责?我领了薪水,有没有尽心?

**第三,节不义不可正其名**

有些人好大喜功、浮华夸世,欲求扬名立万。但是,如果他的气节不足让人尊敬,仁义不足让人称道,即使有了虚名,也是浪得。比如各级人民代表,顶着"代表民意"的头衔,本就应该以民意为己意,为民喉舌。若是身为人民代表,却径自做鱼肉乡民,索贿受赂的勾当,那就有违"人民代表"之名而斯文扫地了。

**第四,事不成不可诿其责**

有句俗话说"神仙打鼓有时错",意思是说即使是神仙,也难免会有失误。一个人再精明,也无法保证所做的事情都成功。其实,偶有失败也无妨,"前事不忘,后事之师",只要能记取教训,也是一种收获。若是诿过,不但事情失败,连人格也是失败的。

《论语》说:"名不正,则言不顺;言不顺,则事不成;事不成,则礼乐不兴;礼乐不兴,则刑罚不中;刑罚不中,则民无所措手足。"希望大家所作所为,都能名正言顺。

## 卷三 ｜ 认知世间

人生在世，
认识山河、大地、宇宙、环境，
可以扩大生命的空间，
找出人生的定位。

# 大众传播的特色

现代人的生活,几乎离不开大众传播。多数人从早到晚通过报纸、杂志、收音机、电视、网络等传播媒介,了解天下事,吸收新知、掌握社会脉动、财经信息及政治动态,随时与大众传播保持密切关系。大众传播对社会大众的影响力非凡,甚至会左右人们判断事务的观点,因此,有责任感的大众传播应具备下列六个特色:

第一,有大众化的平等

大众传播媒介站在提供信息的角度,应做到平衡报道,客观地将事实呈现,让大众有更宏观的视野,去了解事情的来龙去脉,并据以作判断。而不应因传媒个人的好恶而偏颇,以致扭曲社会大众的知情权。

第二,有道德化的精神

大众传播是公开面对社会,影响力很大,因此,传播工作者最重要的是要有道德的精神,不以揭发他人隐私、毁谤他人、造谣讥讽为能事,而应以匡正社会风气为己任。

第三,有善美化的目标

有些大众传播以报道杀盗淫妄等负面信息为主,其实,社会虽有黑暗的一面，但也处处洋溢真善美的事迹；大众传播应尽量发掘、报道这些善美的事迹，使人性的光辉温暖社会，并起善性循环的作用，使社会更臻善良美好。

第四，有知识化的内容

许多人以传播媒体，作为知识的来源，因此，大众传播传达的信息应有知识性、正确性。若所传播的内容，充斥揭人隐私，败坏社会风气，贪念欲望，这是不道德的，大众应该对大众媒体有约束的权力，如拒买、拒看等等。

第五，有文艺化的技巧

文艺美学对世道人心的教化，常具潜移默化之功。大众传播应善将诗歌、小说、文艺、美学等技巧融入其中，一则提高内容的可观性，再则亦收教化人心之效。

第六，有利众化的示教

大众传播对民众的示范作用不容轻忽，如果大众传播的内容未能善尽导正视听之责，反而充斥颠倒是非、混淆价值观念的情节，误导或作不良示范，这些负面教材对社会所造成的伤害将难以估算。因此，大众传播应以利益大众为首要考虑。

大众传播的发展方兴未艾，影响层面愈趋广泛、深远。传播媒体有提供各种信息的自由，传播受众也有自主权选择适合的传播内容。

# 大众传播六戒

现代社会,大众传播和我们的关系非常密切。每天早上一睁开眼睛就先翻阅报纸,下了班就收看电视节目,开车时收听电台广播,闲暇时则阅读各类杂志。传播媒体与人的生活密不可分,因此希望从事大众传播业的人,能注意"大众传播六戒":

**第一,戒不实的宣传**

社会上每天发生许多温馨感人的故事,值得媒体传播报道。过度地虚情假意、阿谀谄媚,失却了原本赞扬的好意。因此,大众传播歌颂赞扬时,应恰当合宜,言过其实,反而失真。

**第二,戒不真的报道**

大众传播绝不能因道听途说、不了解事实真相而径自报道;不能听到一些没有根据的话,所谓"马路消息",不加求证就大肆宣传、公诸于世。因此传播媒体应以"知之为知之,不知为不知"的态度,进一步确认后才能报道。

**第三,戒不清的信息**

媒体是信息的传递者,也是信息的传输者。血腥、桃色等社会乱象的报道,满足了人们一时的好奇,却无法提升阅听人的智能水平。媒体报道应当对社会的安定能有利益,对人类的知识要能提升。

**第四,戒不德的诽谤**

现在大众传播界有少部分的不肖业者,常喜揭人隐私、毁谤人家的名誉,甚至借由传播力量对人要挟、敲诈,足以称之为大众传播的败类。大众传播负有促进人类交流、教育大众的功能,因此,尊重别人的隐私、多报道社会的光明面,是传播业者应负起的责任。

**第五,戒不新的老调**

文章写得好,要有新意;艺术作品能引人注目,要有突破;媒体报道要让大众接受,则要与时俱进。时代进步迅速,信息日新月异,往往前一分钟发生的事情,后一分钟就产生巨大的变化,因此,传播业者要能不断摄取新知,改革创新,才能推动社会文明的进步。

**第六,戒不可的泄密**

医院不能泄露病人的病情,商人不能泄露商业的机密,当然传播业者也应遵守媒体的职业道德,不能逞一己之私,让新闻成为"独家报道"而泄露机密,违背了媒体本身应有的原则坚持。

# 媒体的功用

我们每天阅读报章杂志、接触媒体新闻,信息接受最直接,也最迅速,可以说,传播媒体影响我们的生活最大,报道的内容,实在攸关大众的身心健康。而当今媒体最为人诟病的是过多负面的报道,不但没有补强人心,反而戕害人心。媒体如何有效地运用,不滥用功能,以下四点提供:

第一,是善美的

大众传播媒体具有净化人心的责任。有谓"好事不出门,坏事传千里",世间固然有黑暗的一面,除了报道事件始末、关怀实情外,但也有许多真善美的事迹值得媒体报道,发掘社会善良的一面,让人性的光辉温暖人间,启发善性的循环作用。因此,让大众耳濡目染的都是美好的、清净的、善美的,就能引导社会人心臻至祥和。

第二,是知识的

媒体的功用可说像学校一般,是知识的传递者,我们每天花多少时间与传播媒体接触,从中获得许多新知,它对知识多元化的推动具有很大的贡献,对知识普及化也有深远的影响。所以,传播媒体,既作为信息的传播者,就应尽社会教育的责任,制作节目、报道内容,具备正确方向,以提升大众的智识水平。

**第三,是趣味的**

媒体要吸引大众收视,就要有一些趣味、幽默,才会有人看。它应该是轻松、活泼、人性、新奇、诙谐、启发,而不是哗众取宠、幸灾乐祸的报道,或者是道人是非,揭发别人的隐私,引起社会大众的好奇心。甚至,有的信息经媒体宣扬,衍生出"二度伤害",让当事人变成受害者,这些都是不道德的。如果媒体把趣味变成只是冷嘲热讽,或是制造冷笑话,那就失去立场和意义了。

**第四,是感动的**

社会上每天都会发生许多温馨感人的故事,值得传播报道。但是,媒体对于好事,总是轻描淡写就过了,对坏事却不断重复,让人感到疲累不堪。希望媒体不要隐善扬恶,能多报道世间的温馨面、光明面,让人感动欢喜。例如哪里发生水灾、海啸、地震,许多人出钱出力援助,赞扬社会温暖的一面,少一点负面思考,多一点人性积极面,为社会带来一股清流,才能使人心向上提升。

要传播文化内涵、推动文明进步,乃至从升斗小民的心声传达、社会普罗大众的教育,到重大的政经问题的分析、督促国家社会改进,媒体都扮演着举足轻重的角色。希望媒体不要为了只求商机生存,一味选择耸动、暴力、色情、刺激的信息。

期盼还给传播的受众一个干净的环境。

# 真相

有语云:"不看一时,要看长远;不看一处,要看宽广;不看一人,要看大众。"世间什么事情,都不完全看表面,也不完全看一时,他不是只看某一方面,而是看到内在真相。如何看到"真相"呢?略举四点参考:

**第一,贫病之时知朋友**

朋友之交,贵在真心,何等朋友最真心?"酒肉朋友""势利之交",是你富贵显达时的好朋友,等到关键时刻,便会树倒猢狲散,没有任何交情可言!真正的朋友何时能见?当你微贱时,能够倾身引接,不相舍离;疾病时,愿意倾心照顾,无怨付出;失势时,还是能同甘共苦,患难与共,此等"布衣之交""贫贱之交",才是良友知己。因此,贫病之时知朋友。

**第二,患难之时识真情**

人和人相处,如何识得真情?你有财有势,名利双全时,不一定能识得感情的真实面。唯有处于患难之际,最能验证人性真情的虚实。亲朋之间如此,夫妻之间亦然,甚至有言:"夫妻犹如同林鸟,大难来时各自飞。"真情的价值,也随之散去了。反之,患难时还能嘘寒送暖,休戚与共,彼此相依,交融扶持,经得起感情的考验,经得起世间无常变化,才能识出彼此的真情。

**第三,进退之时懂分寸**

带兵作战,冲锋陷阵固然好,战败之时,若不懂得退兵之计,看不清真相,后果更不堪设想。人生也是如此,勇猛向前是好,但有时退一步,更有无限的天地。一个人在进退之间,能进能退,能大能小,能有能无,能前能后,适时地掌握分寸,就是掌握人生的修养。《孟子·尽心章句上》:"穷则独善其身,达则兼善天下。"立身处世能进能退,掌握得宜,你便懂得进退里头的真相,就在分寸之间。

**第四,得失之时明因果**

人的一生轮转于得失之间,若能体悟得失背后的真相,存在因果的关系,就算春风得意、青云直上,心不会高傲自大;即便时运不济、命运乖舛,也不会怨天尤人。能够明因识果,就能无入而不自得;懂得把一切得失,归之因缘果报,就能改善因缘,获得不同的结果。因此,不论是非好坏得失,都含存因果的真相在里头,只在你是否能明了。

人间事物,片面的,总会模糊你辨别的能力;一方、一眼、一时、一处,也不一定最真。因此需要你全面观照,以智慧洞察,才能透露出事物的真相。

# 感动

人称为"有情众生",因为有情感的作用,因此容易为了一个人、一句话、一件事而深受感动,甚至读了一本好书、欣赏了一部感性的影片,都会忍不住感动流泪。

感动是情感的流露,感动是人际关系的润滑剂;感动的世界很美丽,感动的人生最富有。一个容易感动的人,其生命较有意义,因为感动就是佛心,感动就是佛性。感动有四点意义:

**第一,感动是上跟下的融合**

在一个团体里,如果主管经常因属下的勤劳而感动;属下也常感受到主管的爱护而感动,上下必然一团和气。在一个家庭里,父母要常思想着,如何才能让子女感动;为人子女者,也要想办法让父母感动。有了感动,彼此一定能敬上爱下,和乐相处。

**第二,感动是人和人的情谊**

人与人之间的互动关系,感动是不可少的润滑剂。在日常生活中,如果你能时时因为我的说话、做事而感动,我也常常为你的礼貌、谦虚而感动,则不管是朋友、同事、邻居之间,必定能维持很好的情谊。因此一个人每天要时常感动,对于别人所做,要能欢喜感动,自己所做,也要能令人感动。

**第三,感动是心和心的交流**

在佛教里有所谓"接心""印心",不管是人与人,或人与佛之间,有了感动,彼此的心意才能沟通、交流。例如当初释迦牟尼佛发愿度众生,乃至因地修行时割肉喂鹰、舍身饲虎,就是因为"感动";诸大弟子投身佛教,跟随佛陀到处弘法,也是因为"感动",甚至观世音菩萨为什么能给我们感应,也是为了"感动"。感动是心和心的交流,有了感动,才能感应。

**第四,感动是你我他的修行**

在佛教的诸多修行法门中,"感动"是一个很重要的修行。例如见到佛陀的圣像,我很感动;见到别人虔诚地在诵经拜佛,我很感动;见到别人发心布施,我很感动;甚至见到苦难的众生,因为心中有所感,而发起慈悲度众的心,这都是感动。

一个人有没有佛法,就看他能不能感动,在修行当中,能够修出感动的性格,比较容易有成就。所以我们每天应该思忖着如何让自己的言语、行事,都能令人感动;能够因慈悲、发心、谦卑、忍耐、勤劳等行仪而令人感动,就是最好的修行。

# 分寸之间

世间法没有绝对的对错、好坏，凡事能够把分寸把握得好，就是一种智慧。就如做人，赞美别人是美德，但是不当的赞美成为阿谀，难免遭人轻视；布施是善事，但是如果大肆喧嚷，以别人的苦难来突显自己的善心，也会惹人非议，所以，关于做人做事的"分寸之间"，有四点说明：

**第一，赞美能赢得友谊**

赞美如花香，芬芳而怡人，能以赞美之言予人者，必得人缘，所以我们与人相处，最重要的就是赞美。基督教唱赞美诗、佛教唱炉香赞，说明佛、神也要人赞美，何况一般人更希望获得别人的赞美、欣赏。尤其当一个人灰心的时候，一句鼓励的话，能令人绝处逢生；当别人失望的时候，一句赞美的话，能使人重见光明。所以我们要想获得友谊，诚心地赞美别人，必定能如愿。

**第二，阿谀会遭人轻视**

做人要"日行一善"，其实日行一善并不难，赞美别人也是一善。但赞美不同于阿谀，阿谀是一种虚伪的奉承，所谓"好阿谀则是非之心起"，所以做人宁容谏诤之友，勿交阿谀之人，甚至被人批评不可怕，受人阿谀才可畏。有的人赞美不当，成了逢迎拍马、阿谀奉承，也会受人轻视，因此，做人阿谀谄媚不说，不当的赞美也要避免。

**第三，快乐要懂得分享**

做人，有的人能同甘不能共苦，有的人能共患难不能同享富贵。真正的好朋友，要能同甘共苦，自己有了快乐，要懂得分享给对方；当对方获得了功名、财富、荣誉，成就了好事，我们也要真心祝福，同享荣耀，千万不能嫉妒、障碍。懂得分享快乐，人生何等美好。

**第四，报酬应藏于无形**

古人有"为善不欲人知"的美德，其实为善不一定怕人知道。我们的社会需要有很多善行美事来带动社会的风气，所以真心"乐善好施"的人，不必刻意隐藏。怕的是有的人以伪善来沽名钓誉，例如捐了一点钱给慈善团体，自己马上大肆宣扬，要人感谢、回报，甚至讲话不当，让接受救济的人感觉尊严受损，这就失去了布施的美意。佛教讲布施要"三轮体空"，所以报酬要用之于无形，能够"无相布施"，才是真正的慈善。

世界上，每个人有每个人的做事风格与处人之道。总之，做人要厚道，要给人留有空间，自他才有转圜的余地。

# 养神

现代人很注重养生之道。真正的养生应该包括养德、养性,甚至养心、养神。"神"者,所谓"精、气、神";有的人身体不好,精神却很好;有的人劳作虽多,每天还是精神抖擞。但是,有的人每天闲着无事,精神总是萎靡不振,要他做什么事都提不起劲。所以,一个人要想建功立业,固然要有健康的身体,精神饱满更是重要;就像一部汽车,加足了汽油,才有马力上路。如何养神?有四点应该注意:

**第一,戒饱食,饱食闷神**

过去农业时代,偶有亲友到家中做客,主人总会殷勤地要客人多吃一点、吃饱一点。其实"饱食闷神",对健康有害无益,所以现代人提倡吃饭只要八分饱,切忌暴饮暴食。因为均衡的饮食,知量知足,可以让肠胃正常蠕动,减轻身体机能的负荷,使器官发挥正常功效,自然能长保身体健康。

**第二,戒多言,言多损神**

有的人好讲话,一有机会就高谈阔论,卖弄自己的口才,也不管时机因缘适当与否。有时不当说话的时候说得太多,不但会惹人生厌,而且话多伤神。就像酱菜腌制的时间不到,轻易就把坛口打开,酱瓜咸菜就会失去应有的美味。所以,一个人适时、适度的发言有其必要,但是话说得太多,所谓"言多损神",甚至"言多必失",能不慎乎!

第三,戒久睡,久睡倦神

适度的休息,是为了走更远的路,但是有的人饱食终日,无所事事,整天吃饱了睡,睡饱了吃,结果睡眠过度,反而精神不振。所谓"神饱不思眠",愈是精神饱满的人,愈不思睡;愈是过度嗜睡,精神愈是无法提振。此乃精神没有寄托,就像疲乏的弹簧,失去弹性。所以人不宜睡得太久,应该适度地运动,并为自己的人生订立目标,做好生涯规划,让精神力振作起来,这才是正常的人生。

第四,戒厚味,厚味昏神

有的人三餐没有大鱼大肉,他就食不下咽,对于清淡的蔬菜,总觉得淡而无味。因为吃惯了重的口味,饮食不是太咸、太甜,就是太酸、太辣,造成消化器官的负担。甚至一些人喜食韭菜等五辛,多吃容易昏神,所以宜应适量为好,切忌多食。

道教内丹学称精、气、神为人之"三宝",一个人精神饱满,才有力气,身体才会健康,所以我们要善于"养神",有以上四点提供参考。

# 认知世间

人生在世,认识山河、大地、宇宙、环境,可以扩大生命的空间,找出人生的定位,而认识社会、文化、历史、传统,可以延长生命的时间,展现生命的价值。所谓"竖穷三际,横遍十方",对这世间有所认知,才能够纵观全局,一切了然于胸。如何认知世间,有四点意见:

**第一,对时空,要认知现实**

说到时间,有过去、现在、未来、无量阿僧祇劫;说到空间,有东、西、南、北、上下、十方。在无限的时间、无限的空间中,最要紧的是对当下要有认知。把握当下的时间和空间,在对的时间、对的空间,做出对的事情。

**第二,对传统,要认知历史**

唐太宗李世民曾说:"以史为镜,可知兴替;以铜为镜,可正衣冠;以人为镜,可明得失。"时代一直在变迁,却是历史的延续,知历史,可以鉴古证今。传统,是老祖先的智慧经验结晶,但也不是顽固地死守着过去。唯有认知历史,顺着时代潮流,融合现代与传统,才能为世人所需。

**第三，对文化，要认知普遍**

文化有长远性、普遍性，尤其现今世界已成为一个地球村，各地信息不断地交流，人们不能只再单纯地活在这个多元化的社会里。因此对于各种文化、学术、宗教，甚至政治、经济，都要有普遍的认知。不能普遍地认知，就不懂得包容异己，尊重其他文化；不能普遍地认知，就好像井底之蛙，只是拥有部分的天空，不能看到全貌，所知有限。

**第四，对信仰，要认知正当**

信仰是发乎自然，信仰能产生力量，信仰不一定要有宗教上的限制，要紧的是不能邪信。有了信仰，就要对真理有正当的认知，这就是佛教所说的"正见"。有"正见"为前导，就好比孤舟在海上得到了灯塔的照明，能引导我们走向光明的人生，使我们的心灵有了皈依，生命得到救护，由此度向我们清净圆满的觉性。因此对信仰要有正当的认知。

园丁认知时令冷暖，才有花红柳绿；哲人认知时序起落，才明阴晴圆缺；为政者要认知民心，才能获得肯定，参禅者要认知自心，才能悟道明白。如果我们不认知这个世间，如何顺利地走在人生的道路上？

# 善恶之气

善和恶是两个极端,成和败是两个阶段,这两个极端、阶段的差别其实不是很大,最大的差别只是在"一念之间"。一念善,可能就是成功,一念恶,可能就是失败,端看我们的举心动念,就系在善与恶。

**第一,和为祥气**

"文景之治"以和谐清静为策,致使海内富庶,国力强盛,奠下汉朝王威之基;司马昭虽有大将之才,却心怀乖谬,至今仍被讥评为:"司马昭之心,路人皆知。"《汉书》有云:"和气致祥,乖气致异。"实不差矣!

**第二,狂为霸气**

狂妄、自大、傲慢,就是霸气。霸气之人,人不欢喜你,甚至也不要你,那必定会失败。项羽力能扛鼎,才气过人,自称"西楚霸王",最后却落得:"生平得尽弓矢力,直到下场逢大敌。人世休夸手段高,霸王也有悲歌日。"仁霸之间,胜负可见。

**第三,善为喜气**

"善"指安稳美好,能于现在世、未来世中,给予自他利益的清净法。广义地说,凡契合佛法,与善心相应的一切思想行为,都可称之。所谓"家家观世音",人们把观世音菩萨供在家中的正厅,正是因为它给予慈悲,拔苦予乐。举凡人都希望你给他慈善,你给他信心,你给他利益,他当然就欢喜你。你能处处与人为善,当然招感的就是一种喜气!

**第四,骄为衰气**

骄是一种自高傲物的心态。佛教说,若骄慢生,则长养一切杂染之法,心不谦下,由此则生死轮转,受无穷苦。从历史上看,从来没有一个骄慢的人能获得成功,凡自高自大者,别人难以认同,自我陶醉者,失去先见之明。苻坚骄气,兵马因而大败于淝水;曹操轻敌,孔明得以借箭于赤壁。因此,能自我约束,虚心谦和,那才不会衰败!

《菜根谭》云:"反己者,触事皆成药石;尤人者,动念即是戈矛;一以辟众善之路,一以浚诸恶之源,相去霄壤矣!"你能慈悲善行,散发喜气,就能成功;心怀骄慢狂妄,招感衰气,就要失败。成败就只是这么一点差别,善恶之气就是在这么一念之间。善恶之气,不得不慎。

# 防心离过

防心,防患心生贪嗔痴;离过,远离行为的过失。人最容易犯过的,就是我们的心。眼睛贪看,是心叫它看;耳朵要听,是心叫它去听;口中说话,是心叫口说话。佛经云:"心过失者,谓于身语心中复有所离。"我们在日常生活中,不论在行为、言语、意念中有所乖违疏离,就是心的过失。佛教里,"食存五观"之一"防心离过,贪等为宗",就是提醒修行人,应时时提起正念,不要眷恋食物的美味,慎防贪心为要。因此,擒贼要擒王,如何作自我规范,自我防备,"防心离过"很重要。提供四点参考:

**第一,富贵须防祸临**

"树大招风风损树,人为名高名丧身"。在富贵的时候,不可得意忘形,应慎防祸害随时而来。所谓"爬得愈高跌得愈重""高处不胜寒""乐极生悲",不可不慎也。

**第二,得势须防怨来**

宋朝法演禅师说:"势不可使尽,使尽则祸必至。"有的人得到势力,权力在握,便吆三喝四,心生快意。一旦得势时,更要防备人家嫉妒你,不服气你,甚至容易招致怨恨或他人抨击。乃至有些人,乘势而起,争一时之龙凤,等到势力一用尽,灾祸到来时,正如"飞鸟尽良弓藏,狡兔死走狗烹",因势得祸,后悔莫及。

**第三,盛势须防谤来**

"誉之所至,谤亦随之"。誉与谤常常是"如影随形"。一个人有了好名声,不必急于宣扬自己的贡献成就,态度应该更谦让。所谓"直木先伐,甘井先竭",你像个苦恼人,没有人会忌妒;你有了名声,太过得意,可能小人、坏人,就跟着来毁谤你了。

**第四,得意须防悲至**

得意的时候,虽然值得高兴,但须知"山木自寇,膏火自煎",应当防患未然,谨慎言行,因为不知道会从哪里来给你许多的麻烦与障碍。因此,你有忧患意识,你能未雨绸缪,在得意顺心之时,就不怕有不好的事情会发生。

现代年轻人常流行一句话"只要我喜欢,有什么不可以""只要我敢,有什么不可以"。"喜欢""敢"没有什么不对,而是在于背后的动机目的,以及道德观念的意义与价值。你的欢喜、敢,用错地方,误导大众、危害大众,那就不可以了。佛经云:"若纵心自在,常生诸过失。"放情纵欲,终会自作自受。老子也说:"福兮祸所倚;祸兮福所伏"。祸福相因,祸藏于福,福因祸而生,好事和坏事互相转化,因此,"防心离过"是我们日常生活中,应学习的一种修养,时时注意的自己的起心动念,为人做事则无愧于心。

# 何为有用

一个人有用没有用,不在于他的权位高低,而在于他能力的强弱、人品的好坏,以及做人是否经得起考验、做事能否与人为善。何为有用,有四点意见:

**第一,一句好话,胜于千言万语**

明朝刑部主事茹太素有一次上奏折,明太祖看了,认为500字即可表达的事情,他写了16000多字,而把茹太素责打一顿。相反的,战国时齐国名臣淳于髡、邹忌等,能以简短巧妙的譬喻,令齐威王一改夜饮狂欢、不务朝政之弊,转而振奋向上,使齐国政治整顿,国势强盛。可见空话一堆,多说无益;好话一出,流芳千古。

**第二,一个好人,胜于千兵万马**

孔子有教无类的讲学,造就无数杰出英才,出仕于春秋各国,其德行也流传千秋万世,影响至今;晏婴"不出樽俎之间,而折冲千里之外",几次以机智的外交手腕,息灭激烈的战争;汉末局势纷乱,诸葛亮初出茅庐,就奠定三分天下的局面。一个有用的人,总能运用机智,献出良好计谋,在必要的时候,作出关键决定,胜于千军万马于沙场大动干戈。

**第三,一件好事,胜于千金万两**

千金万两若挥霍无度,不久也会坐吃山空,还不如把它用来做一件好事,让更多人受益。昔日的溪边老母,救济一餐饭,成就了韩信这样一位开国名将。救人一命,胜造七级浮屠;日行一善,积累福德资粮;心存善念,可以避祸免难;多做好事,可以广结善缘,凡此都是无价又无量的功德。

**第四,一颗好心,胜于万年苦修**

过去有一位苦行者,在山里精进办道,30年修到不动心的境界,却因为一个小牧童的戏弄,生起一念嗔恚心,而功力顿消。万年苦修固然了不起,但若是习气不改,心中嗔怨难消,或者修到没了慈悲心,跟木石一般,那么修行再久也是枉然,还不如平常人拥有一副好心肠,时时帮助别人,而得福慧增长。

如何成为一个有用的人?勤学不倦是第一要件,学习说话,一句好话三冬暖;学习做人,布施结缘,利益他人;学习做事,悲智双运,福国利民;学习修心,好心一颗,增福增慧。

# 捐赠器官

现在社会上的慈善家、有德人士都在提倡器官捐赠,我个人也响应,并且早已立下志愿书,作了器官捐赠的准备。

捐赠器官有很深的意义,《大丈夫论》谓:"菩萨为求一切种智,及悲悯众生故舍身,同时亦令悭贪之众生起布施心。"都是在说明器官捐赠的伟大情操。

捐赠器官也可以说是佛教的首创,因为在2500多年前,佛教教主释迦牟尼佛的过去世为国王时,即以"割肉喂鹰"的胸怀作了器官捐赠的义举,此举并成就他的菩萨道。此外,佛教经典也记载不少舍身例子,例如《金光明经》的萨埵王子舍身饲虎、《大般涅槃经》的雪山童子为闻佛法舍身给罗刹等,这些舍身舍命的人,比死后才捐赠器官的行为更是了不起。

还有古代的高僧大德,在动乱的时代里,为了解救众生的苦难,为了真理的需要、佛法的流传,他们牺牲自己的生命,将生命布施给众生,奉献给常住,都是器官捐赠意义的再延伸。所以捐赠器官,其价值有四点:

**第一，遗爱人间**

人体的器官，到了人生百年后，可说都是没有用的物质，如果能把这个身体没有用的物质再加以利用，让它帮助有需要的人，就可以延续它的机能价值。例如将眼角膜捐给患有眼疾的人，让他可以重见光明；把肾脏捐给有肾脏病的人，让病人可以恢复健康，延续他的生命。把自己身后的各种器官，留给需要的人，就是遗爱人间，这是伟大的布施。

**第二，资源回收**

天地承载我们，父母孕育我们，社会大众也贡献给我们许多资源，而我回馈给人间的是什么呢？假如人生到了最后把自己没用的物质给人家来利用，这就是将天地间的资源再回收，是很有意义的。

**第三，慈悲喜舍**

捐赠器官意指舍弃身体，佛教视为最上乘之布施。据《大智度论》载："布施财物为外布施，舍身则称为内布施。"所以，若能捐赠皮肤、眼角膜、肾脏、骨髓等器官，就是在行大慈悲、大喜舍、大布施。

**第四，延续生命**

布施我们没有用的器官，借它延续生命的存在，这不是很有价值吗？

# 废纸回收

现在世界各国,各种环保运动,正如火如荼地展开,因为万物赖以生存的地球,大家要爱护,尊重长养我们的地方,让地球的生态,有永续发展的空间。其中。举手之劳的"废纸回收",看似小事,在保护地球资源上,却非常重要。尤其当今纸张用量相当惊人,举凡报纸、书籍、广告等,林林总总的印刷品,无一不是纸张;而这些纸,都是来自深山树木。所以废纸回收不但重要,而且刻不容缓。以下有四点说明:

**第一,养成勤俭的习惯**

当人连轻薄的纸头,都舍不得丢弃,无形中,对于其他物质,就更能爱惜。积累的废纸,也能变卖,有心的父母,可以将此当成孩子很好的教育,教导孩子勤劳。因此废纸回收,能养成勤俭习惯。

**第二,培养惜福的观念**

中国人自古以来,就有敬惜字纸的观念,除了看重文字的神圣外,也是珍惜纸张得来不易。一个人的福报,就如同储存在银行的存款,要爱惜,不轻易浪费。

透过惜福,才能保福。随手作废纸回收,就是随处爱护身边资源,正是惜福观念的养成。

**第三,建立环保的共识**

制造一吨纸张,大约需要消耗 20 棵高度 8 米、树径 16 厘米的原木;每棵树要长到这么大,平均约需 20～40 年的时间。由于过度砍伐山林,山林永远赶不及复原,空气污染、水污染、酸雨、沙尘暴、泥石流跟着来,风调雨顺将变成奢求,大环境生活质量日益低落。回收废纸运动,让我们的环保工作从最根本做起。

**第四,共创整洁的环境**

纸张的用量既然如此巨大,若不建立良好的回收渠道,它的污染将相当惊人。因此,用心回收废纸,不但是资源的再利用,也可以大量减少垃圾,让大家拥有洁净的环境。

废纸回收不仅是在经济的考虑,更有这四项重大意义。甚至佛光山福山寺和凤山禅净中心,就是在僧信二众共同辛勤下,以废纸回收所得,创建一座庄严清净的殿堂,给予众生一个安心立命的场所;乃至以废纸回收的净款,以及百万人兴学,增加了佛光、南华二所大学的建校基金。其"化腐朽为神奇"的意义功德,更激励我们在举手之间,积极做废纸回收工作。

# 如何消除暴力

今人最忧念的社会问题就是暴力。不但社会上有暴力,就连应该是避风港的家庭,暴力事件也时有所闻。不禁令人感叹:"这个社会怎么了?"如果社会风气可以转暴戾为仁义,转刚烈为忠恕,才是大众之福。如何消除暴力?有四点意见提供大家参考:

**第一,以平等观化解冤家**

古人说"冤家宜解不宜结",为什么形成冤家?"不平等"是主要因素:你大他小、你尊他卑、你乐他苦、你强他弱、你富他穷,这些不平等让人不服气;若又有以强欺弱的弊病,更令人气结。怨气积累成戾气,不免相见成冤。所谓众生平等,不管大小贫富苦乐,生命的尊严无有高下,如能以平等观共存共荣,就能解冤释结。

**第二,以慈悲观消除怨尤**

《大乘本生心地观经》说:"伏嗔恚心慈悲观,当念宿因对怨害。"我们没有宿命通,无法知道在无尽的生死轮回中,自己曾经如何苛待别人,陷害他人,对他人不友善。

因此,今生纵有人怨恨、忌妒我,都不应该有报复的心念,应该更慈悲地对待他,以慈悲来消除他的怨恨。

**第三，以因缘观净化人我**

世界上最复杂繁琐的就是人际关系，有人的地方就有处理不完的纷争。静心思之，主要的症结在于缺乏互相尊重。世界上亿万众生，这辈子与我们有照面机缘的是当中的少数，而见面又能相识者，更是微乎其微，这缘分岂容小觑？理应珍惜缘分，以彼此尊重礼遇来净化人际关系。

**第四，以定慧观发展潜力**

每个人都有潜力，慈悲是潜力，智慧是潜力，仁心是潜力……这些美好的特质潜而不显多可惜。

透过持戒、修定、智慧来观照内心，发挥潜能，如同善用库藏的财富改善生活，也让这些潜力宝藏改善社会上粗暴无礼的风气。

每一个人都是社会的一分子，社会风气不好，人人都有责任。我们应义无反顾地担负起改善风气的责任，从自己做起，以你的平等、慈悲来感动周围的人，让大家体悟要重视彼此的因缘，能定慧等持，一起以善良来柔化刚强，以祥和之气来取代暴力。

# 希望工程

修一条路，把路修好，使人方便行走，就是一项工程；挖一条水沟，疏通水势避免堵塞，也是一项工程；盖一栋房子，给人安住，建一所学校，兴办教育，都是一种希望工程。无论办什么事业，只要是利益众人，都是一种"希望工程"。除了有形硬件的希望工程建设外，还有软件的希望工程，包括哪些呢？有以下四点：

**第一，身心的希望工程**

身体要健康，就要运动、要保养，心理要健康，不要烦恼，也要给它安住、给它自在、给它解脱。身心的希望工程，要从培养忍耐力、精进力、慈悲力做起，正知正见，身心调和，生活会获得安稳，生命会获得安定。

**第二，家庭的希望工程**

家庭的分子有父母、兄弟姐妹、子女，有的三代同堂，有的四代同堂，甚至有叔伯、妯娌等生活在一起。经营家庭，也是一种希望工程，就等于用水泥把沙、石、砖头合在一起，团结起来，才有力量，一个家也要用爱、用包容、用尊重来管理，凝聚彼此的心意，才会平安、和谐、温馨、幸福。

**第三,文化的希望工程**

一个社会是否进步,要看这个社会人文的内涵、大众的语言、生活、习惯、教养、思想等,这些都在文化的范围里。因此,建设文化、提倡人文,就是一种希望工程,借由读书、音乐、美术、书法、艺术的修养,陶冶人文气质,养成彬彬有礼,养成谦谦有德,让自己拥有如诗、如画、如歌的人生。

**第四,世界的希望工程**

人生活在这世间,无论衣食住行、周围点点滴滴,都无法离开大众,因此我们不能只是独善其身,必须从自己扩大出去,包括我的社会、我的国家、整个世界,都在我的希望工程里。因为社会好、世界好,我们所在的社会、世界自然美好;从自己做起,对人多一份关心,对世界多一份关怀,就会有善美的循环,这世间会多一份希望。

古人的立德、立功、立言,给人学习效法、给人智慧典范,是一种希望工程;乃至建设寺院,成为善友往来的聚会所,人生道路的加油站,去除烦恼的清凉地,净化心灵,孕育法身慧命,这也是一种"希望工程"。以上这四点"希望工程",都是我们每一个人应该努力把它做好的。

# 先种后得

世界上的事物,增也不见得是增,换另外的角度看,增也是减;有时,苦也不见得是苦,换个角度想,苦尽甘就来。有时受到要求、苛责,也不见得不好,或许那正是增上缘;有些人态度谦和,状似无物,文章道德却是一等的。在此提出四个看法:

第一,无情岁月增中有减

过年时,常看到有人在家门口贴上"天增岁月人增寿,春满乾坤福满门"的春联。日子一年年地过,年龄一岁岁地长,可是这个"增"是真的增吗?经典说:"是日已过,命亦随减,如少水鱼,斯有何乐?"年岁的增加,一方面也表示生命的耗损;岁月无情,年命有尽,如何能不警惕?

第二,阅读诗书先苦后甘

古人"寒窗十年",就等待"一朝成名";现在的孩子,从幼儿园到大学,将近二十年埋首书堆,还不一定能有所成就。如果将读书当成应付考试,虚应故事,那么,苦就是白受的。如果能培养读书的乐趣,等到能自如地受用积累的丰富知识后,就会发现之前辛苦的代价是"其乐无穷"。

**第三，敦品励学清白如玉**

有一个修行人,在俯身嗅闻莲花香气时,受到花神的斥责,修行人说:"别人摘取莲花,都不见你呵斥,为什么我只是闻香,你就生气?"花神说:"因为他们像黑布,即使沾了墨,也看不见,可是你像一匹白绢,虽仅是半丝污点,也特别明显。"修行的人,别人大都会以较高的标准来审视他。一个人如能持续精进,经过时间的淬炼,人格自然清白如美玉,也能得到别人的欢喜与赞叹。

**第四，道德文章清淡似水**

中国有句古话说:"学问深时意气平。"意思是学问、道德修养愈好,意气愈平和。一个人真有道德,真有学问,必定不会特意标榜自己的道德学问,不会特意显得高高在上。他散发的气质,就像清风明月,像清净平和的流水,到处受人尊敬,周围的人也都欢喜和他亲近。

"要怎么收获,先怎么栽"是大家耳熟能详的名言。有时努力之后,获得的并不是物质报酬,而是精神上更有意义的成长与满足。因此,胸量放大,眼光放远,必定能有收获。

# 大获得

人人都希望获得。获得金钱、获得事业、获得爱情、获得满足……但这些事相上的获得,终究会有因缘散去的一天,唯有精神上的获得,才能历久不失。如何"大获得"呢?以下四点贡献:

**第一,能吃亏可以获得大便宜**

佛教教人忍辱负重,看似吃亏、受损、遭辱,其实是获得便宜,是修行的良方。大禹治水,为民谋福,三过家门而不入,最后被公推为皇帝;管仲常占鲍叔牙便宜,鲍叔牙却推荐他做宰相,不仅传为美谈,也利益国家百姓。《佛光菜根谭》说:"被人利用不是坏事,能被人利用,表示自己有能力,还有存在的价值。"学习吃亏能养德修福、广结善缘,实为自身获大便宜也!

**第二,能受苦可以获得大安乐**

所谓"梅花香自苦寒来",吃苦是安乐的逆增上缘。密勒日巴为消黑业,忍苦精进,成就开悟大法;霍元甲幼时多病,忍苦练功,成就一身侠气;无论做什么,没有十年寒窗努力,哪能有所获得?《劝发菩提心文》说:"若以修行为苦,则不知懈怠尤苦;修行则勤劳暂时,安乐永劫;懈怠则偷安一世,受苦多生。"一时的勤劳苦修,换来永劫的安乐,何乐而不为呢!

**第三,能平气可以获得大力量**

许多人为了争一时之气,大动干戈,与人结恶。憨山大师说:"老病死生谁替得,酸甜苦辣自承担,一剂养神平胃散,两重和气泻肝肠。"心平气和,才能不失方寸,调御躁急;心平气和,才能长养智慧,止于至善。它是智慧、是化解、是慈悲、是忍耐,能远离瞋嫉,涵养包容,在违逆的人事、环境当中,获得大力量。

**第四,能散财可以获得大积聚**

散财、布施、喜舍,就像尼拘陀树种子,一生十,十生百,收成不绝,繁生无尽。佛陀时代,须达长者欢喜济弱扶孤,赢得了"给孤独长者"的雅号;培根说:"财富就像肥料,如果不予以布施,便失去了它的好处。"不正为此做出最佳的佐证。因此,现在播种、耕耘、培植,将来自然果实累累,获得大积聚。

你正为吃亏、受苦而闷闷不乐吗?你因气不平、散了财而耿耿于怀吗?无需挂碍,只要肯放下执着,勇于承担,努力不懈,因果绝不负你,最终必会获得大便宜、大安乐、大力量与大积聚。

# 寻求根本

我们常见到有一些信徒到寺院、神庙、教堂去求长寿、富贵、声名、名誉、平安等等。其实,也不一定向佛祖、神明、上帝求就能得,应该求自己。如何求得福寿声誉,有四点意见:

**第一,欲求富贵者,在于立志**

要想荣华富贵,其实,上天不能给我们,神明也无法给我们,而是在于自己立志奋发向上。古德云:"三十三天天外天,九霄云外有神仙,神仙本是凡人做,只怕凡人心不坚。"所谓心愿有多大,努力有多少,成就就会有多大。就怕我们凡夫立志不坚定,不肯努力培养因缘,那就难登富贵之门了。

**第二,欲求福寿者,在于存心**

古人说:"积善之家庆有余",佛教也说:"不杀生而得长寿"。宋太祖的大将军曹斌,攻打四川时,遇到一位圣者告诉他:"将军中年发达,晚年不好,要做善事改变命运。"曹斌拿下四川后,广施恩德,造福百姓,又遇到圣者,他说:"大将军面容改变,必可位居宰相,晚景荣显。"后来曹斌果真官居高位。长寿福报在哪里?存乎一心。一念心之慈,一念心之仁,可以得到无边的福寿。

**第三,欲求和乐者,在于正行**

许多人希望求得家庭人事和谐,求得自己生活安乐,这也不是什么人可以给你和谐、给你安乐,凡事要靠自己正行。你的行为正当,你的语言正当,你的思想见解都正当,当然就会得到和平安乐。

海基会前董事长辜振甫先生,他的至理名言:"谦冲致和,开诚立信。"一生举措,无不以诚信、宽厚待人,全家上下一片祥和,就是最佳的典范。

**第四,欲求声誉者,在于养廉**

我们可以看到,历史上的包拯、海瑞、陶澍等,由于为官清廉,留下好名声,他们的事迹,不断地被后人所称颂,至今仍被称誉为"清官"。为此,只要身行廉洁正直,不收受贿赂,不走后门,光明磊落,不贪不求,自然受人尊重,得到声誉与赞美。

有语云:"如是因,如是果。"一个人的命运好不好,有没有福寿声誉,不必祈求他人的给予,而是掌握在自己的心念与造作。要求得福寿声誉的根本,以上这四点很重要。

# "好"之四利

每一个人都有"喜好",喜好会成为自己的兴趣,也会成为自己一心想要的需求。"喜好"有利有弊,例如有的人喜好养动物,如果是基于慈悲、护生则利,若是专宠一物,伤神无志;有的人喜好品酌,如果是基于养生则利,若是酩酊大醉则有害;有的人喜好各种艺术,如果能分享大众则利,若玩物丧志则有害。所以,"喜好"有利有弊。有利的喜好有四点:

**第一,好读书,则智慧生**

人生,无论是好酒、好财、好琴、好笛、好狗、好马、好绸、好缎……凡此众好,各有一失,人唯好学,于己有益。所以,一个喜欢读书、博学多闻的人,必然能从书中撷取前人的经验,必然能与书中的善知识神游,获得智慧。所以说开卷有益,好书能变化气质,能增加智慧,能知道更多的常识;好书的人,只要不读死书,把书读活了,则于人生有大利益。

**第二,好道德,则人品高**

有些人的喜好,非常重视自我的形象,他对自己的道德、人品要求很高。所以喜好道德的人,不必社会的舆论来要求他,也不必国家的法律来限制他,他的自我要求、自我规范,会促使自己的品格高尚,为人所尊敬。所以,一个人道德品格的修养非常重要。

**第三,好勤劳,则受尊重**

勤有功,嬉无益。一个人养成勤劳的习惯,必然会受人尊重。例如早起整理家务,家人必定赞叹;上班勤于工作,则受主管器重;进入社会,勤于为大众服务,则交相赞美,必然实至名归。勤劳,就是黄金埋在土里,也要勤劳去挖凿;水果长在树上,也要去勤劳采摘,才有收成。所以好勤劳不但可以补拙,也能获得意想不到的因缘。

**第四,好义行,则有好报**

凡人都希望有好的未来,但田里未来的收成,必须要有好的种子;家庭里的清洁卫生,必须要有心去整理;伤残灾难必须要有义行的人去奉献,他必然会获得好报。说人家一句好话,凭这一点义行,就会有意想不到的未来,给人一点方便,就有意想不到的好报。荣华富贵,锦衣玉食不是从天上掉下来的,而是一个人的义行积累,所以好义行者不愁没有好的未来,必然有好的因,才有好的结果。

# 历久弥新

人世间的许多事物,会随着时间而改变,但有些观念与价值,纵使时代在变迁,依旧历久不废,仍然跟得上时代,不会落伍。"历久弥新",就是指事物的价值判断或自我实现等,能经得起长时间的考验。这里有四点意见贡献给大家:

第一,穷当益坚

古人说"祸福无门",我们一生中,难免会有时运不济的时候,遇到困难时要"人穷志不穷"。愈处贫穷低下,愈要表现出自己人格的清高;纵使雪压霜欺,也要有如秋尽冬初的菊花,不为寒霜所屈。一个人如果到了贫穷就不讲究节操、不讲究义气,那才是真正的贫穷。所以金钱上的贫穷不怕,宁可廉洁刻苦,也要穷当益坚。

第二,富当益谦

"富在知足,贵在求退",名望未必会伴随富贵而来,即使是富贵人家,也要进德修业,谦虚自养,才能受人尊重。所谓"满招损,谦受益",一个谦逊自制,肯屈尊降贵为人服务的人,才会受人尊敬和喜爱。海基会前董事长辜振甫先生,不以自家财富为傲,一心系于国家人民的前途安危,因此在他过世时,不分党派立场,许多人同来默哀静祷。

**第三,少当益勤**

我们常说:"黄金随着潮水流下来,也要起早去把它捞起来。"一个人如果地位很低,金钱很少,日用艰难,都不要紧,只要肯勤劳,不怕辛苦,必定有致富的一天。天下没有白吃的午餐,美国前总统富兰克林也曾说:"勤奋是幸运之母。"有的人找职业,常常要别人介绍,其实如果自己肯毛遂自荐,主动让老板试用半个月、一个月,以勤劳负责任的态度来工作,何愁没有工作做?

**第四,老当益壮**

年龄大了,并不可怕,重要的是保持一颗年轻的心,唯有老当益壮,才能不受淘汰,也唯有努力不懈,才是永保青春的最佳方法。当努力有成果时,自己也会不知不觉地成长起来。当做事有了信心,生命就更加有意义、有价值,活力与年轻亦会随之而来。

天下没有一成不变的事,人也不会永远顺利成功,在面对多变诡谲的世局时,要懂得顺势调整自己的心态,努力提升自我内在的精神世界。此外,平日养成学习的习惯,懂得自我幽默,就不怕外在种种的限制。

# 说理的分别

你喜欢有道理的人,还是喜欢不讲理的人? 不用说,必定是有理之人较受欢迎。所谓"有理走遍天下,无理寸步难行",世间的人我关系、人我次序,它都有一个道理;乃至天有天理、地有地理、物有物理,人有心理,哪一样不讲理呢? 但是,现代有一些人,理太多了,不相干的事情,他也能说出一大堆的理来,那就"理不对题"了。有时候,理太多也不必要。以下,说明理的轻重、分别:

**第一,不愿说理是固执**

有些人,明知道事情真相,可是他却抱着"算了、我不讲了"的消极心态,就是不要把它说明,这就是固执。择善而固执是没有错,但是你抱残守缺,不肯接受真理,不肯讲出道理而作茧自缚,这也是不对的,甚至自找苦吃,自己要去承受不愿说的苦果。

**第二,不会说理是傻瓜**

有的人,他有理,你叫他说,可是他不会说,也说不清楚,来龙去脉不能说明白,让人听了也不知道说什么。这还可以从一次一次练习中,改变自己的表达能力,逐渐进步的。

**第三，不敢说理是奴隶**

第三种是，他知道是非，知道真相，但他就是不敢说，用"我认了""算我吃亏""算我上当"，草草了事。不敢说理，是一种奴才的性格。这是不明白因缘始末，内心怯弱，缺乏勇气、信心和力量不够所致。这必须在不断充实自我中，增长智慧，建立自信；在精进努力中，增长福德，建立尊严，就能渐渐远离不敢说的烦恼。

**第四，不肯说理是无知**

第四种是，他有理，但他就是不肯说，他认为"好啦，给你们冤枉，给你们怪，给你们去乱说，我就是不辩"。这个叫无知。无知的过失，是不知道错在哪里？严重者，甚至误人误事，你有理为什么不说呢？

理它必须是付予公理、公义、公有，理是公平的、理是平等的、理是大众的。有的时候，这一边有理，那一边也有理，这就要用智慧来相互摆平。有的时候，你在这边看是这样，在那边看是那样，有很多的矛盾，虽然如此，彼此也会有个关系，有一个原则。因此，不讲理的人，是不可理喻，太过讲理的人，过于精明，也不能代表一定是对的。这四点说理的分别，我们不能不去注意，而且要分别清楚地认识，当说则说，当不说则不说，最为重要。

# 勿

人心常会随着时空、环境、人事起伏,重要的是,不能因为情绪高涨或郁沉而妄作妄为,应当在心情和行动之间取得平衡点,才不致造成不良后果。所以,"勿"有四点建议:

**第一,喜悦时,不可轻诺寡信**

常听人家说,某人被钱诱惑了、某人被感情冲昏了头、某人被名利搞得晕头转向。欢喜是好事,但是过度欢喜,沉迷其中就不妥了。所以,欢喜也要忍耐。人在极为兴奋的时候,往往缺乏理性思考,容易作出错误的判断;人家要求什么,反正快乐就好,总是不经大脑思考随即答应,等到心情平静时,想想又觉得不能胜任,来个反悔,这就轻诺寡信了。

**第二,辞别时,不可嗔恚愤恨**

人生好比是一个舞台,有上台的时候,也有下台的时候。有的人带着雀跃的心情上台,带着如释重负的心情下台,一派轻松自在,但是有的人一旦该下台了,却犹如天地变色,失落感油然生起,甚至愤恨、抵抗,造谣生事,弄得人心惶惶。其实,人只要有实力、有人缘,何患没有将来?转换另一个舞台又何尝不可呢?

**第三,恼怒时,不可轻易决定**

人在气愤时,思虑往往不够成熟,以至于什么话都敢说,什么事都做得出来,所作的往往是最错误的决定,会把事情搞砸了。西谚云:"盛怒之下,不作决定。"盛怒时应避免仓皇决定事情,以免后悔莫及,甚至让关心你的人伤心难过。

**第四,功成时,不可志骄意满**

人一旦成功,切莫志得意满,应该记得当初失败的教训,不断地求进步;更不要忘记,成功也可能因为松懈而步上失败的道路。尤其成功不是偶然的,也不是一个人就能成就的,而是各种因缘促成。所以,成功之后应当更加谦虚,懂得感恩及回馈。

世间事有所为,也有所不为,尤其在喜、怒、哀、乐的情绪展现强烈时,更应及时告诫自己"物极必反"。

# 劝告的艺术

《论语》说:"君子以文会友,以友辅仁。"朋友之间彼此有规过劝告、砥节砺行、进学长识的作用。佛教说"善知识",是正直而有德行,能教导正道之人。《三字经》也云:"养不教,父之过。"儿女有了过失,父母当然要尽教导之责。甚至,我们看到子侄晚辈、同学、同事犯了过错,也会想提出一些规劝,可见劝告在人际之间的重要。问题是,人都喜欢听好听的话,受到他人的肯定,所谓的"忠言逆耳",如何才能让规劝的忠言达到效果,提供以下四点参考:

**第一,辞达则止不贵多言**

所谓"责人不必苛尽,留些余地予人,留些肚量予己"。规劝他人时,最好是点到为止,留些余地给对方有思考的空间,不要再三强调,把话说尽,让对方觉得心烦气躁,不耐烦,而失去劝告的意义。

**第二,持之有据言之成理**

最好的劝告方式,是据理而言。态度可以包容、宽厚,话可以避重就轻地讲,但要让对方了解,你不是无的放矢,不是听信谣言,而是有所根据,言之成理。让他感动你的回护,接受你的善意,才能达到劝告的目的。

**第三，发必当理不可妄言**

既然有心相劝，必须有充分的、正当的理由来折服对方，万不可为达目的，而虚言妄语。能够态度诚恳，所言于理有据，必定能打动对方，而收劝告之效。

万一对方还不听从规劝，那就暂时不要再劝了，等待因缘，再给予劝勉，以免反目成仇。

**第四，切忌讥刺遭人心病**

要收劝告之效，最好的方法是站在对方的立场，婉言相劝，让他感受到你的诚意，以及对他的关怀和爱护。

若是以讥讽的态度，讲刻薄的话，可能引起更大的不满。因此，"语言切勿刺人骨髓，戏谑切勿中人心病"，劝谏切忌讽刺、刻薄。

以上四点"劝告的艺术"，给大家参考。

# 明白的重要

世界上最可怕的愚痴是不明白。明白就是理路清晰,明白就是脑筋清楚,明白就是通晓事理,明白就是清净解脱。俗话说"秀才遇到兵,有理讲不清",即是指碰到不明事理的人。人要明白事理,才有进步的空间,才有开悟的契机。明白很重要:

**第一,明白学问可以广博**

做学问的人,一旦拘泥于自己的思想,固守自己的见解,就会陷入故步自封的泥淖,而前进不得。做学问,除了脑筋清楚,思路灵活,也不能自满、自以为是。要明白学海无涯,学问无穷无尽;为学要如金字塔,要能广大要能高。明白这些道理,不以已知为满足,学问自然可以广博。

**第二,明白人情可以通达**

很多人慨叹"做人难,难做人"。是的,世间上最麻烦的就是人。不过,如果能以诚信待人,厚道处事,也能有很好的人际关系。所谓"人情练达即文章",能明白"处难处之人宜愈厚"的道理,再识得人情义理及相处艺术,即可通达人情。

**第三,明白离欲可以轻安**

财、色、名、食、睡这五欲,是让人不自由的因素。为了贪金银财宝,求世间声名,恋悦情适意,不知用尽多少心机;为了耽着美食众味,乐着睡眠,不知耗费多少时间精力。未得时,处心积虑想得到;得到时,又担心失去而惶恐不安。如《大智度论》说:"诸欲求时苦,得之多怖畏,失时怀热恼,一切无乐时。"一辈子就在患得患失中度过。如果我们能明白五欲的过患,看淡五欲,就能得到轻安。

**第四,明白心地可以解脱**

佛初成道时,叹道:"奇哉!我今普见一切众生,具有如来智慧德相,但以妄想执着而不证得。"每一个人都具有与佛心无二无别的自性清净心,只是凡夫的清净心给名枷利锁束缚了,在烦恼是非中团团转,一刻也不得自在、清净。如果能明白我们本具清净心,愿意放下世间的五欲六尘,挣脱名缰利锁,就能解脱了。

做个明白的人很重要,能够明白学问、明白人情,必能成就世间事业;能够明白离欲、明白心地,必能成就出世间解脱之道。希望大家都是明白人。

# 为人师表

韩愈云:"师者,所以传道、授业、解惑也。"而一个人获得师长良好的教育,就能发挥一己之长,对国家社会大众有用。不同的阶段,学生经过老师的教导,才能具备常识、拥有技能、培养道德、启发思想,老师对学生的影响,可说是广大又深远。那么,如何做一个老师呢?

**第一,传道**

父母养我色身,师长育我法身。身为老师,其教导的内容要合乎道德、合乎伦理、合乎人间正义、合乎做人道理。好比传统美德:忠孝仁爱信义和平、礼义廉耻等。但是,现在有一些老师,有时师不像师,士不像士,教导不正的思想、不正的知识,甚至自己的行为也不合乎道德,让老师清高、尊严的形象,受到损害,那实在不可名为老师了。

**第二,授业**

古代的老师,除了传授学业外,也要教授"礼乐射御书数"六艺,培养学生才能。现代老师也是如此,除了各种教学外,也要给予学生一些技术课程。尤其身为现代人,一生至少要有三张执照,例如驾驶、烹饪、水电、美容、会计、打字、医疗、护理……等,以备在人生道路上,无论是职场、人际关系、学习力上,发挥更大的能量,具有良好的表现。

**第三,解惑**

在学习过程中,学生必定有许多疑惑,除了专业知识上给予指导外,在内心上,必定有更多的不解。比方做人不会做,做事不通达,讲话不流畅,情绪管理不佳、人际关系不和谐,遇到挫折困难,如何面对、判断、克服、解决,林林总总,会有许多的不明白。做老师的,要给予学生引导,为其释疑。

**第四,示范**

所谓"身教重于言教",我要学生能有道德、有事业、知进退、不迷惑,让他做人处世,都具备一个人基本的条件。那么,我做一个老师,更不能随意妄行,更要重视身教。我传授学生道业,自己也要奉行;我传授学生知识,自己也要日日进步;我为学生解惑,自己也要正知正见,培养智慧。如此,我才能做老师。因此身为老师,是很不容易的,只有以身作则,树立形象模范,潜移默化中,才能让学生自然效尤。

教育可使平庸者优秀,使资优者卓越。所谓"知识就是力量",若心术不正,纵然学富五车,也是枉然。

归纳以上四点,为人师表要:顺法调御,以爱教导;诲其未闻,增广见识;随其所闻,令解善义;示其善友,乐于交游;尽己所知,教授不舍。

# 耕种田地

世间的田地有两种,一种是种植五谷杂粮的土地;一种是佛教所说的恩田、敬田和悲田,用来广植福德。有形的田地,是农民据以为生的根本,靠辛勤、力气和汗水来耕种、收获。无形田地,则是人人均可以用孝顺、恭敬、慈悲、布施喜舍来耕种,获得的福德不可思议。在此提出耕种福田的四种方法:

**第一,父母田中常思反哺**

父母的恩德像天地般广大,佛经说:"若人百年之中,右肩担父,左肩担母,于上大小便利,极世珍奇衣食供养,犹不能报须臾之恩。"要孝顺父母才能像个儿女。你看,乌鸦尚且反哺,羔羊尚且跪乳,对于生养我们的父母,更应当尽反哺之心。就是学道修行,也要报答父母的恩情,尤其佛陀也是为我们立了"为父抬棺"的榜样。因此,在父母田中,为人子女者,要常思反哺。

**第二,师长田中常行恭敬**

我们从蒙昧无知到识字明理,无不得之老师的尽心教导,因此,老师也是我们的福田。在老师的田里要播种什么?古德说:"欲得佛法利益,须向恭敬中求。"不仅求佛法当抱持敬心,对于老师,也要恭敬十分,感念老师的辛苦教导,你对老师有恭敬心,学到的东西必定很多,在恭敬中也才能积累福德。

**第三,病患田中常作救护**

在病患身心受苦之际,我们看护他,使他肉体的病痛减轻;慰问他、鼓励他,让他心宽意解,远离怖畏,得到心灵的平安,这种无畏施,实是无上功德。《梵网经》说:"八福田中,看病福田,是第一福田。"所以要尽心看护有病的人,病者是我们的大福田。

**第四,三宝田中常植布施**

佛法僧三宝为人间做明灯,引导众生脱离忧悲愁苦的生死轮回,对众生有莫大的恩德,是最大的福田。俗语说:"三宝门中福好修,一文施舍万文收",供养三宝,功不唐捐。因为三宝具有无上功德,能成就众生,使生一切功德;《无量义经》说:"布善种子,遍功德田,普令一切发菩提萌。"《三藏法数》也云,"若能恭敬供养佛、法、僧三宝,非但成就无量功德,亦能获其福报,故称功德福田。"因此,三宝田中应常植布施。

勤于耕种农田,收获的是有限的财物;勤于耕种无形的福田,获得的是不可限量的福德,希望大家都能勤于耕种。

# 辅导要点

孙中山说:"教养有道,则天无妄生之才。"一个好的教育者,能开发学子的心智,启发蒙蔽者的潜能。因此身为一个教育者,其思想与做法,应是民主、平等与大众化。对于施教的对象,也要不分贫富贵贱、不择智愚利钝,一律平等给予教化。

教育辅导的方法有许多种,提供下列四点技巧:

**第一,规矩要严,执行要宽**

不以规矩,不能成方圆,凡事要有规矩和准绳,但是如果事事以硬性规定,反而失去人性里自动自发的可贵性,所谓"规矩行尽,礼貌必衰"。因此在落实层面上,要严之有理、严之有爱、严之有度,严要严得适度,宽要宽得恰当,要宽严相济,规矩才具有依循的可行性。

**第二,观机逗教,应病予药**

辅导的方法,不是每个人都一样的,有的人用鼓励,有的人用教训,甚至要用责打的方式,他才会畏惧而肯上进,当然也有人不用啰唆,就会自动自发去做。佛陀广设八万四千个法门,为的就是应不同众生的根基,而施设的"权巧方便"的教育法。

**第三，譬喻说法，举例说明**

最好的教育方式，莫过于以一个简单的譬喻，或者举个例子，讲个有趣的小故事，来让对方心神领会。佛陀说法49年，每每以寓言故事引导众生心开意解，如由包裹檀香的纸张及绑鱼的绳子，告诉弟子"近朱者赤，近墨者黑"的道理；"盲龟浮木"，说明人身难得；"向风掷土"，说明恶意伤人者，果报还自受等等。

**第四，慈的摄受，力的折服**

老师在辅导学生，或父母辅导儿女时，有时一味地慈爱，对方可能不怕你，只是力的折服，或许他也会抗议，不愿合作，因此最好采取严慈并用的方法。《禅林宝训》里写道："妁之姁之，春夏所以生育也；霜之雪之，秋冬所以成熟也。"春风夏雨，可以使万物生育，秋霜冬雪，也可以助长万物的成熟，我们在辅导有情生命时，怎能不刚柔、严慈交相运用呢？

所谓"天下无不可教之人"，像爱因斯坦、牛顿、贝多芬等，都是因为父母师长不放弃，而有所成就。教育是看学子的根基而教，就如照顾不同季节、不同品种的花草树木，如果都是用同一种方法来培育，必定失败多于成功。

# 说狗

狗一直是为人们欢喜的动物。以下也来说一说狗的性格：

**第一，忠诚**

狗，是人类忠诚的朋友。在农村，经常可以看到狗为人们看门、守夜、协助牧羊等，一刻都不肯离开。有一只叫"雪来"的狗，每天到主人下班时，就会准时到车站接主人回家，大家啧啧称奇，把这只狗叫作"标准钟"。佛光山开山时，有过一只叫"来发"的狗，巡视工程时，它在前开路；上课时，它静坐一旁，全神贯注聆讲，偶尔对它不理不睬，却依然寸步不离。它们的忠心、忠诚，实在令人感动。

**第二，英勇**

法国巴黎有一座狗的纪念碑，纪念一条名叫"芭丽"的狼狗。那是因为有一年冬天，巴黎北部山峰受到暴风雪袭击，山麓南部发生雪崩，41名旅客被雪掩埋。"芭丽"前往扒雪营救，共救出40人，救到最后一人时，竟然被人误认为是狼而被打死。像这样英勇救人的狗，不知凡几，我们经常在报章杂志上都可以看到。

**第三,体贴**

狗的性格体贴友好、善解人意,体恤主人,细心照护。像电影《可鲁》里的导盲犬、电视剧《灵犬莱西》、卡通《101只斑点狗》里,我们都可以看到狗的体贴、忠烈、勇敢与聪明,真是让身为人类的我们自叹弗如。

**第四,灵敏**

狗的嗅觉灵敏,能嗅出100多万种物质的气味,所以狗又有"靠鼻子生活的动物"之称。像军犬能够追查敌人走过的足迹,甚至几小时以后,都还可以嗅得出来;警犬能依案发现场的味道,找出到过案发现场的人,乃至充当海关和机场的"检查员",查出旅客是否夹带毒品、违禁品等。在爱沙尼亚,曾有只狗担任全长5700多米街道的煤气查漏"检查员",还被列入职工名册,按月领取薪金。狗的灵敏,真是不可轻视。

从上看来,狗真是人类最好的朋友,而我们人如何来对待这位忠心的好友呢?除了当作宠物狗之外,众生生命平等无差,从上述狗的性格里,实在可以看到。以上四点,真是值得学习啊!

# 新年新展望

枝头冒出新芽,令人欢喜;春天下了新雨,令人雀跃;新生代让人看到未来,新措施叫人充满期待。许多人对新的一年来临,会自我期许、自我勉励,希望有一些新的计划、新的突破。新年有什么新展望呢?以下四点提供参考:

第一,要有新观念

台湾著名出版人高希均曾提倡"观念播种",我们也要自问,在新的一年开始,是否播种了新观念。比方凡事是否多一分体恤,为别人着想?自己的陋习是否察觉,愿意改进?是否能与人融洽相处,尊重包容?是否心甘情愿为人服务,不求回报?建立了新观念,脚踏实地,默默耕耘,最大的收获者,不会是别人,而是自己。

第二,要有新开始

"一元复始,万象更新",新的开始,不是要求别人,而是从要求自己做起。比如新开始,我要赞美别人、成就别人;新开始,我要面带微笑、用心待人;新开始,我愿意重新来过自我改变;新开始,我要从生活中一点一滴拓展自己。只要愿意有个新开始,一切都不会太迟。

**第三，要有新作风**

各人有各人的作风，各人有各人的形象，新春开始，我们自己要展现什么样的新作风呢？有人以为在行事上才要有新作风，其实，做人修养上的新作风更重要。比方我要树立和平的形象，不暴躁；我要展现亲切的面貌，能诚信；我要主动和人讲话，不冷漠；我要主动勤劳做事，不懒惰。你有了正向的新作风，还怕不受人肯定吗？

**第四，要有新发心**

新的一年，要开发自己的心田，开垦自己的心地，发掘自己内心的财富。过去未发之心，现在要发起，已发之心，更要不断更新增上。开发心中慈悲、感恩、道德、信心、惭愧，生命就会有源源不断的能源与力量。

一件事的成功与否，在新的开始就要计划。时值新的一年开始，期勉每个人立下目标，充实自己，期许自己重新出发。就让我们从以上这四点重新开始吧！

# 刹那与永恒

刹那，在佛教里，是表示时间最小的单位。经典说："少壮一弹指，有六十刹那"，就可以知道那是极短的时间。永恒，则是指恒久、无限的时间。"刹那"与"永恒"，看似相对待，其实，刹那里面有永恒，永恒是无可计数的刹那堆积而成。时间不是实体，无可衡量。好比有人慨叹人生苦短，如石火电光，稍纵即逝；也有人觉得人生难过，度日如年。时间的长与短，刹那与永恒，该如何看待呢？

第一，刹那的善心，是永恒的福报

刹那指的是瞬间、念顷，亦即一个心念起动之间。一念善心生起，可以有永恒的福报，问题是，在生的那个一刹那，是不是真的善心？有语云："一念嗔心起，百万障门开"，唐朝怀信禅师在《释门自镜录》也说："但起一念善心，恶律仪即断。"心中的一念，是善是恶，都决定了自己烦恼或菩提，是在地狱、或在天堂。刹那的善心，是不贪求、不望报，是无私的慈悲、爱心、善良，可以成就永恒的福报。

第二，刹那的净心，是永恒的功德

六祖惠能大师说："菩提本无树，明镜亦非台，本来无一物，何处惹尘埃？"经典亦云："一念清净心，能除八万四千烦恼。"一念无住,没有杂心妄想,不动色声香味触法,这一刹那的清净,无染、无我、无执、无私,没有客尘烦恼,那就是永恒的自性功德。

**第三,刹那的觉心,是永恒的开悟**

佛教的禅师,参话头、提疑情,参究许久,迷惑久悬,刹那间,宇宙乾坤,朗然于心,就是永恒的开悟。像过去会通禅师当侍者16年,看到鸟窠禅师吹了布毛,豁然开朗;智闲禅师禁足潜修,听到瓦砾击中竹子的声响,豁然省悟。在一刹那间,忽然"我懂了""我觉悟了""我明白了",那一个电光石火,你心开意解,就是开悟了。

**第四,刹那的定心,是永恒的涅槃**

刹那的定心,没有时间了,没有早晚,没有古今,把时空都聚集到禅定里,没有污染、没有是非,本体和现象,都融合在一起,那就是永恒的涅槃,生死一如。

微生物朝生暮死,寒蝉春生夏亡;彭祖八百多岁卒,天人寿岁至千岁、至万岁,无论生命长短,都是一生。坐客天地之间,生命本来就是死生轮转的,若不能觉悟此中道理,就算是人生亿万岁,也是虚掷生命。说到刹那与永恒,有以上这四点参考。

# 本土化

本土化不是狭隘的地域观念,更不是族群的对立,而是放眼国际,展望未来。现代社会由于交通发达,地区与地区之间往来密切,旅游、参访,甚至移民风气普遍频繁。到了一个新地方,想要融入当地生活环境,学习当地的语言、接受当地风俗习惯,就成为必要的条件。关于"本土化"有四点意见:

第一,语言本土化

世界各国,乃至不同的地区,都有属于自己的语言,为了尽速融入该区的生活环境,语言是重要的沟通工具。比方到了美国,就使用英语;到了巴西,就讲葡语等。又好比最早将佛教传入中国的印度僧人迦叶摩腾、竺法兰,进入中原,不但讲中国话,也翻译经典,才有《四十二章经》的流传。因此,语言要本土化,才能获得当地的认同。

第二,风俗本土化

每一个地方的风俗民情不一样,到了一个新环境,可以带入自己国家的习俗,但更重要的是先接受当地的风土民情。倘若一味要求别人接受自己的文化风俗,只会显得自己与环境格格不入。

因此,在不同的地方,有不同的节庆活动或纪念日,应当随喜参与,融入大众中。西谚说:"身在罗马,行罗马人之行。"入境随俗,尊重包容,才能同体共生。

**第三,习惯本土化**

每个国家的礼节、习惯不一样,举凡生活、饮食、工作、招呼方式上,都有所差异。好比北方人性喜面食,南方人则习惯米饭;西方国家以拥抱、亲吻为招呼方式,东方国家则握手寒暄表达热忱;西方人使用刀叉,东方人则用筷子;典型西方男士穿着西装领带,古时中国男子则为长袍马褂。因此,习惯要依循当地本土化,才能与人相融和。

**第四,教育本土化**

来到一个新的地方,不能不了解它的历史文化;要能深入了解不同环境的文化背景,则必须尊重当地的教育。好比佛教从印度传入中国,融汇儒家的"仁爱"和道家的"清净无为"思想,而发展出特有的中国佛教来。

每一个人能认知"本土化"的真义,将眼光放远,才能扩大自我的成长,促进族群的和谐,进而展现一个多元文化社会的丰富内涵。

# 处众

俗话说:"独梁难撑大屋""独木不成林",凡是单独的、单一的,力量单薄,很难有所发挥,必须集合起来、团结一起,力量才会大。而要发挥力量,必须先学习如何在大众中与人团结、与人和谐,处众之道就很重要了。有以下四点意见:

**第一,看人要有平等心**

古代社会中男尊女卑,现代社会里提倡两性平等;过去尊崇老板为大,现在讲究顾客至上。时代在改变,居上位者,不再是权势骄贵,居下位者,也能拥有尊严。佛陀在 2500 年前,即提出佛性平等,倡导生佛平等,身为僧团的导师,从不以先觉自居,甚至以身作则,为有病比丘洗涤衣履,给失明弟子穿针缝衣,处处树立和乐、平实、平等的风范,给我们学习、效法。

**第二,待人要有慈悲心**

一般人心里只有自己,想到的都是自我的利益,对我有利就接受,对我不利就排除。这种完全以自我为中心的人,很难与大众融和相处。想要让别人认同,心中要常怀慈悲,替人着想,视别人是自己生命的一部分,别人也会把你当作自己人。

**第三,教人要有尊重心**

人人希望活得有尊严,希望获得别人的重视,自己却往往忘记要尊重别人。好比有人在教人时,他的立意虽好,态度却趾高气昂,如何让人接受呢?有则趣谈,眼睛、耳朵、鼻子、嘴巴各有其用,都不服气无用的眉毛长在最上面,眉毛为了平息纷争,愿意往下移,移来移去,怎么看都不顺眼,只有再让它回到最上面,才像个人。每个人都有其尊严,发挥的作用,能尊重他、爱护他,教人也才有功德。

**第四,利人要有喜舍心**

做人最可贵的是能利人,譬如参加社会公益活动,服务人群,甚至响应环保,参与赈灾,担任义工等等。利益别人时,要有喜舍的精神,不求回报、不求感谢,心才不会执着、患得患失,才能真正发挥生命的价值,为人间带来温暖,为社会带来光明。

菩萨实践布施、爱语、利行、同事四摄法,所以能摄受众生,而我们要处众和谐,以上这四点,是立身行己的好方法。

# 如何融和

"融和"是一种包容的雅量,一种平等的对待,一种尊重的态度。当今国际间,漫布着对立与分化的氛围,最需要的是融和的器度。所谓"百川汇归大海,共一咸味""各族入佛,同为佛子",佛教讲心包太虚、量周沙界,无不关怀一切众生。我们如何发扬融和的精神,增进和平?有以下六点:

第一,传统现代的融和

现代社会中,有人倡导科技文明,有人尊崇原始自然,有人欢喜新诗文学,有人爱好文言古籍。传统,是古圣先贤的智慧经验结晶,随着时代慢慢发展,有时不能不顺应时代的潮流。因此,传统不是完全对或不对,现代也不全然是好或不好,最好能将前人智慧经验的传统,配合现代潮流的发展,彼此融和,才能永远为世人所需要。

第二,东西文化的融和

有的人醉心东方文化,有的人追求西方文化,其实,我们说,以东方的文化为体,西方的文化为用,东西方的文化可以相互融和。尤其国际间各种族、民情风俗各有所长,文化的融和,可以让社会朝向更多元化的发展,丰富人文内涵,促进人类的和谐。

**第三,自他群我的融和**

团结,并不是我大,你要来跟我团结。团结,是平等的;融和,是自他关系一致的。佛陀主张"众生平等",即是"自他融和",不仅佛教要融和,不同宗教、族群、国家、社会,都要摒除爱恨的分歧、怨亲的疏离,发挥"同体共生"的精神,彼此才能和谐往来。

**第四,事相义理的融和**

"理事圆融泯自他,白云飞去了无遮",意谓世间万物,都具有理和事两个层面。有的人只重视"事",显得太过现实,有的人光说"理",又让人觉得太过抽象,无法心领神会。因此,事与理要融和,能以事显理,以理彰事,理事无碍,甚至事事无碍,也就能圆融自在了。

**第五,僧信四众的融和**

现在佛教,有以出家众为主的僧团,有以在家众为主的教团,僧信之间,如车之两轮、鸟之双翼,彼此要水乳交融,沟通协调,互助尊重,你我团结,把力量凝聚了,才能一同弘扬佛法,共同为众生福祉而努力。

**第六,显密八宗的融和**

佛教教主只有一个,就是释迦牟尼佛,佛教的三法印、四圣谛、八正道、缘起等教义是一致的,因此,不必争执你错我对,不要分别宗派大小,应该主张禅净融和、显密融和、南北传融和,共同恪遵佛陀的慈心悲愿,给予众生得度的因缘。

世间是多姿多彩的,要能欣赏、融和,才能万花齐放、百鸟争鸣,众生也才能在佛法的教化中,蒙受利益,安顿身心。"如何融和"? 有以上六点。